JN122924

大活字本シリーズ

昭和史入門《下》

保阪正康

埼玉福祉会

昭和史入門

下

装幀　関根利雄

目次

第四章　経済大国の表と裏の構図　昭和後期　7
吉田茂「日米安保調印は私一人で行う」／時代を動かした田中角栄／独立回復三日後の「血のメーデー」／「安保反対」と「革命前夜」／六〇年安保、三つの見方／もっとも活況に満ちていた時代／日本人に自信を与えた東京オリンピック／先細りする農業／公害防止か経済成長か／全共闘運動の自己崩壊／「田中角栄」という日本人の欲望／日本列島が巨大な都市空間にかわる／土地ころがしと禁欲的なモラルへの軽侮／石油ショック・パニック／田中角栄の唯物主義的発想／権

力の二重構造／「戦後政治の総決算」／浮わついたバブル経済

第五章　昭和を語り継ぐ精神　81

一対一対八の法則／証言をごまかそうとするタイプ／老人たちに体験を聞く時の心構え／昭和という時代を見つめる目の変化／「昭和天皇独白録」の「結論」／昭和天皇から明仁皇太子へのメッセージ／天皇家のバランス発想／田中角栄の態度に驚いた昭和天皇／庶民の代弁者としての田中角栄／昭和の終わりとソ連の崩壊／昭和史のなかにおける社会主義の位置づけ／人は過去を無視して生きることはできない

あとがき（結語にかえて）　139

〈付〉「昭和史入門」のための読書案内　151

第四章　経済大国の表と裏の構図　昭和後期

吉田茂「日米安保調印は私一人で行う」

昭和二十六年九月に開かれたサンフランシスコ講和会議で、四十八カ国との間で平和条約が結ばれた。この講和会議に出席していたが、調印に加わらなかったのはソ連、チェコスロバキア、ポーランドの三国であった。これらの社会主義国を代表する見解は、ソ連のグロムイコ外務次官が会議で代弁したのだが、この条約案は日本がアメリカの意を受けて反共の先頭に立つ、侵略国家として復活するための条約づくりであるというものであった。

吉田首相はこうした見解に激しく反撥したが、それは共産主義には寸分も弱味をみせてはならないとする彼自身の怒りからきていた。結局、この条約案は四十八カ国が調印する形でまとまり、日本は正式に国際社会に復帰することになった。ところでこの「サンフランシスコ平和条約」は、昭和後期の日本社会を拘束する内容をもっていて、折りにふれ問題になることがあった。とくに重要なのは、東京裁判について第十一条で明確に定めていることだった。第一条で「日本国と各連合国との間の戦争状態は、第二十三条の定めるところによりこの条約が日本国と当該連合国との間に効力を生ずる日に終了する」と明記されていて、昭和二十七年四月二十八日から発効することが謳われている。その折りに第十一条の次の条文も自動的に認めていることになったのである。

そこには「極東国際軍事裁判所が刑を宣告した者については、この権限は、裁判所に代表者を出した政府の過半数の決定及び日本国の勧告に基く場合の外、行使することができない」とあった。法廷で科した刑や拘禁されている者を釈放したり、減刑したり、あるいは仮出獄をさせることは判事団をだしている十一カ国の過半数以上の賛成が必要だというのであった。

こうした条項を見る限り、日本の独立には各様の注文がつけられているのも事実であった。

日本はこの平和条約によって独立を回復したにせよ、その軍事力や政治力を守るためにもうひとつの手も打つことになったのである。吉田首相は講和会議で調印を終えた日（昭和二十六年九月八日）の夕方、単独でサンフランシスコ市内のアメリカ陸軍第六軍事司令部の中でアメリカ政府を代表するディーン・G・アチソン国務長官とジョン・F・ダレス国務長官顧問とともに日米安全保障条約に調印している。日本は軍事力をもたないとのタテマエがある以上、その防衛はアメリカに任せる、そのために日本国内へのアメリカ軍の駐留を認めるという内容であった。

吉田はこの調印にあたって、全権団の一行に、「この条約は将来問題になる恐れもある。それゆえに調印は私一人で行う」といって他の者の署名調印を拒んだのである。実際にこの条約は日本がアメリカに主権を売りわたすような内容でもあり、吉田が気に懸けるだけの不安が盛りこまれていた。

昭和後期の日本は、こうした条約に代表されるようにアメリカと軍事同盟を結ぶことで自国の安全をはかり、そしてその政治的協力関係を密接にすることによって国際社会での地位を維持していくことになった。このことに関して国内には一貫して反対ないし不満をもつ層が存在することも事実であった。しかし昭和後期という時代空間がこの枠組みによる功罪を生んだことは否定できない事実だったのである。

時代を動かした田中角栄

昭和二十七年四月二十八日から昭和六十四年一月七日までを、昭和後期と称すべきであったが、この期間もまた幾つかの時期に分かれる。私の見るところ、それは次のようになるのではないかと思う。

第一期　独立を回復してから昭和三十五年六月までの政治主導時代

第二期　昭和三十五年六月から昭和四十八年十月の田中角栄内閣時の石油ショックまでの高度経済成長期

第三期　昭和四十八年十一月から昭和五十七年十一月の中曾根康弘内閣誕生までの田中主導時代

第四期　昭和五十七年十一月から昭和六十四年一月七日までの経済大国と戦後見直しの時代

この四つの分け方が妥当であるか否かは見解が分かれるのだが、しかし政治、社会、経済という視点でみていけばこの四つの時代による特徴が昭和後期を彩っているといえるのではないかと思う。いずれにしても、昭和前期の戦争による国家的損失の時代からたち直り、そして昭和中期のふたつの時代様相が色濃く反映している時期というのが、この四つの時期の特徴ではないかと、私には思えるのだ。

私は昭和二十七年四月に、北海道札幌市で中学校に入学した。つまり日本が独立したときに中学生になったわけだが、政治や歴史に関心をもつ中学生として、その後の昭和後期については肌で時代の空気とふれあってきた。従って昭和後期を同時代史の感覚で語ることができる。その感覚で語るなら、この四つの時期区分とは異なる意識もある。

たとえば東京オリンピック（昭和三十九年十月）によって、東京は大きく様がわりしたことを覚えている。その変容は時代を劃するのではないかと思えるほどだが、しかし昭和史全体を俯瞰したときにはやはりこれは時代を変える区切りにはならないと私は思う。田中角栄という政治家の存在は、昭和後期を語るときにきわめて大きいと思うが、その昭和後期を歴史の流れのなかに位置づけてみるならば時代を動かした人物として、昭和史のなかでも考えている以上に大きな存在ではないかと気づいてくる。

時代の中に生きていることによって、歴史を見失う面があるというのが、私の実感でもある。昭和という時代は単色で語ることはできないのはむろんのことだが、しかしだからといってあまりにも複雑で重層的な意味をもたせて語っても時代の本質を見誤ってしまう。

独立回復三日後の「血のメーデー」

昭和後期を見つめるときには、ある時代の負の遺産をどのように整理して、日本は再出発していったのかというテーマをもって見ていくことでよく理解できるとも思うのだ。

第一期は、独立を回復したあとの日本が、戦後民主主義という構図の中でどのような姿勢でどのような道を歩んだかという視点で見ていくとわかりやすい。独立して四日目の五月一日のことだが、この日はメーデーにあたる。このメーデーが、第一期の「政治の季節」を占うことになったといってもいいのではないか。

吉田内閣はこの日のメーデーで皇居前広場を使うことを禁止している。これに対して労働組合の代表である総評は憲法違反として告訴し、東京地裁も認めたが、政府がすぐに控訴したので実質的に使えなくなった。そこで明治神宮外苑の広場にとなったのだが、メーデーのデモ隊の一部が皇居前広場を人民広場と称して、警官隊を押し切って中に入っている。そのデモ隊につづく一隊と警官隊の間で衝突が起こり、デモ隊の二人が死亡している。

さらに警官隊がガス弾と拳銃も発射したため、皇居前広場は血の海と化した。負傷者は千五百人に及んでいる。

この事件は警官隊の武力行使が強引であり、かつ違法性もあったということになるが、それでも独立を回復して三日後のこの事件は、昭和後期の第一期を占う意味ももった。つまり労働組合を始めとする団体と社会党、共産党の政党による反政府運動がしばしば暴力化したのはこうした事件が背景にあった。そしてこのような衝突は、昭和三十五年六月の安保改定反対デモによる死者がでるまでさまざまな政治的スローガンのもとで行われたのであった。

「安保反対」と「革命前夜」

この第一期を「政治の季節」として語るときに忘れてならないのは、年表の上で「六〇年安保」と刻まれている安保条約改定の動きであったろう。本章初めで記述したように、吉田とアチソン、ダレスの間で結ばれた日米安保条約は、日本にとっては双務的な意味あいはもっていなかった。アメリカにとってもあまりにも片務的だったということになる。

そこで昭和三十二年に入って、自民党の有力者であった岸信介（のぶすけ）は、これを「日米新時代」と称して手直ししたいとの意思をあらわした。この考え自体は相応に評価すべき意味を含んでいたということになるだろう。もっとも社会党などは、より自由主義陣営に組みこまれるという指摘をして、反対の立ち場を崩さなかった。ただ自民党のなかには占領期が終わったあとだけに、岸のような考えもふえつつあった。いわばナショナリズムの揺り戻しという言い方もできるだろう。

岸が実際に首相に就任すると、自らの考えをもとにアメリカと交渉し、その改定案の方向をまとめた。どのような内容か。かつて私はこの新条約について「日本は軍事基地を提供し、極東でひとたび紛争が起これば在日米軍は日本を基地とすることができるという内容であり、日本はアメリカに依然として防衛は肩代わりさせて、その代償により強くアメリカと一体となって極東の防衛にあたるという内容」と書いたことがあるが、実際にそうであった。この条約案は、昭和三十五年にはいって国会審議へと移った。

ところがこの法案は野党の追及で至るところにほころびを見せる。加えて岸首相が太平洋戦争開戦時の東條内閣の閣僚であったこともあわせて追及されるという事態になった。そうしたことに苛立ったのか、岸内閣はこの年五月十九日に安保特別委員会での審議を打ち切ってしまった。そしてすぐに衆議院本会議を開かせ、会期を延長したうえで自民党単独で可決してしまったのである。このときに国会周辺には岸内閣の議会運営に不信をもつ人たちが集まっていて、その数は三万人に達していた。五月二十日には十万余の人びとが集まった。

この日から六月十九日の自然承認の日まで、そして二十三日の新しい安保条約の批准書交換までの間、国会周辺はもとより日本国中に「安保反対、岸退陣」のデモが日常的にくり返された。とくに六月に入ると労働組合、市民団体、学生組織、それに政党などが加わって安保条約改定阻止国民会議が結成されて恒常的にデモを行った。六月十五日には、反代々木系の全学連の学生が国会突入のデモを図り、警官隊と激しく衝突した。その衝突で東大の女子学生樺(かんば)美智子が死亡するという事件が起こった。

こうした事態に朝日、毎日、読売の日本の有力紙の論説委員などにより、デモのゆきすぎを批判するとともに自民党の議会政治軽視を質す共同宣言文がまとめられ、これに産経、日本経済新聞、東京、東京タイムズが加わって在京七社の宣言文という形で、各紙にこの宣言文が掲載された。のちにこの宣言は各地方紙にも賛意を得て掲載された（その数は四十七紙に及んでいる）。こうした抑制を求める声も大きくなってデモそれ自体はしだいに暴力化しなくなった。

この五月二十日から六月二十三日までの一カ月間は、日本中に広まったデモは、確かに革命前夜を思わせる側面もあった。全学連のデモが暴力化するだけでなく、これを機に革命をという勢力は確かに存在した。議会内では社会党や共産党が自民党の政治支配に異議を申し立て、自民党のなかにも岸内閣の強引な体質に批判を顕わにする政治家もふえていった。とくに三木武夫、松村謙三らのリベラリストのほかに河野一郎なども岸の政治体質に異議申し立てを行った。

結局、議会は開かれることなく、新安保条約は六月十九日午前零時に自動的に成立することになる。そして六月二十三日に、東京・芝にある外相公邸で藤山愛一郎外相とマッカーサー駐日大使の間で批准書が交わされて、日米は新しい時代を迎えることになった。安保反対勢力はこのときを機にその政治的エネルギーを消滅していった。

それは岸内閣のあとを継いだ池田勇人（はやと）首相の政治姿勢にもよった。池田は岸内閣の閣僚ではあったが、「政治の季節」から「経済の季節」へと舵とりを変えて、その政治スローガンも「あなたの給料を二倍にします」といった所得倍増論を徹底して前面に打ちだした。そのことによって国民の支持を集めたのである。これは昭和後期の第一期から第二期への移行を意味した。戦争が終わってから十五年、日本はその傷をともかく西側陣営の有力な一員として経済大国への道をめざすことで癒すことになったのだ。

六〇年安保、三つの見方

この第一期から第二期にかけての、つまり「政治」から「経済」への移行期を人々はどのように見つめたか、そのことを語ったなかで私が昭和史の聞き書きを進めるプロセスで出会った三人の証言を紹介しておきたいと思う。いずれも歴史的な意味を含んでいるからだ。

ひとりは池田勇人首相の秘書官だった伊藤昌哉だ。伊藤は、この安保反対デモが連日国会を取り巻いているときに、国会のなかからそのデモの渦を見つめていたという。そして、「もしこの国民的エネルギーを経済にむけたら日本経済は飛躍的に拡大するだろうな」との実感をもったという。学生がさわいだくらいで革命が起こるほど日本は脆弱な社会ではないとの自覚があったというが、このエネルギーを経済にむけなければというのが、池田とともに実感したことだったと話していた。

私はこの言を聞いて、デモに参加していた大学生のひとりとして、なるほどあのときにも権力の側はそのように見ていたのかと感心した思いがあった。

もうひとりは、当時自治省の税務局長だった後藤田正晴であった。後藤田は内務官僚だったが、戦後は警察庁の官僚となり、その視点は警備をどう行うかという点にあった。国会周辺のデモを見ながら、

「もしこの学生たちを受けいれる職場がなかったら、日本では革命が起きるだろう」との思いをもったというのだ。

六〇年安保騒動といわれるこのデモは革命とは無縁と思っていたが、しかしもしこの学生が社会からはじきだされるような事態になったら、日本はまぎれもなく革命の不安に脅かされることになるとの意味であった。

そしてもうひとりつけ加えておかなければならないのは、当時朝日新聞の政治部記者だった冨森（とみのもり）叡児氏であった。冨森氏は、六〇年安保のデモを取材しながら、これは安保そのものへの反対デモというよりは、岸首相に対する個人的な反感が渦をまき起したとの見方をもったというのであった。

のちに私は冨森氏と対談することになったのだが、そのときの次の言が私には記憶にのこっている。

「岸首相に対する戦前の閣僚としての嫌悪感からあれだけのデモが生まれたと思う。そのことは日本の国民はもう決して戦前には戻らないぞと目前にいる岸首相を見つめることで確認したというべきではないか」

そうか、あのデモは私たちのように戦後民主主義教育を受けてきた世代が初めて歴史的な意思を示した運動だったのかとの思いを実感した。これもあたっているように思う。昭和三十五年六月の出来事は、戦後の教育を受けた世代が民主主義体制を明確に守るとの意思を示したのであり、二度とあのような戦前体制を許さないとの政治的意思を固めたデモとして記録されるべきであったのだ。

昭和後期が、昭和前期や昭和中期と明らかに異なるのは、憲法の理念からも制度の上からも国民は市民社会の一員として市民的権利が保障されているということだった。この権利をどの程度自覚しているか否かが問われることであり、それは昭和前期の「臣民」からいかに脱却しているかが問われることでもあった。昭和後期を見つめるときは、市民としての尺度をそれぞれがもつことも重要であった。そのことを検証するのもまた昭和史を理解するうえで重要だといえるのである。

もっとも活況に満ちていた時代

昭和三十五年六月から四十八年十月の石油ショックまでは昭和後期

の第二期といっていいのだが、この十三年四カ月が昭和という時代のなかではもっとも変容をとげた期間ではないか。政治、経済、産業、社会、文化、思想などあらゆる面で問題が噴出したために、それをのりこえる知識や技術を獲得したとみることができるように思う。

私はこの期間は二十歳から三十三歳をすぎる時期にあたり、人生としては青年期から壮年期に入っていくころであった。それだけにこの時期を語るときは、同時代史の目で見つめていて歴史とは見ることはできない。それを前提にいうならば、昭和後期のこの第二期は私自身も人生で試行錯誤を積みながら、人生の方向をつかもうとしていたのだが、この時期も昭和という時代のなかではもっとも活況に満ちていたように思う。

日々、生活空間の風景が変わっていき、生活必要品も一気に電化していき、加えて誰もが懐具合が豊かになるにつれ、文化の内容もまた変わっていった。大阪、東京間に新幹線が走り、そしてテレビもチャンネルがふえ、それぞれの生活のなかに着実に根を下ろすようになった。そのような活況の背景にある人それぞれの幸福観は、物量が豊かで、生活が便利で、そしてどこに行くにも短時間で行けるといったきわめて即物的な点にあった。これが実際に現実化されていったのである。

第二期の出発は、前述のように池田内閣の経済政策にあったのだが、具体的には所得倍増、高度経済成長という点にあった。池田のブレーンであった大蔵省の理論派といわれた下村治は年九％の成長率を唱えたが、池田はそれを参考にしながら三年間は九%の成長率を想定しての経済政策を立てた。これによると、一人あたりの国民所得が昭和三十五年度には約十二万円だったが、政策が円滑にいけば十年後には二倍以上になるというのであった。

基幹産業部門に融資を行い、生産ベースをあげ従業員の給与をふやす。減税政策を採り可処分所得をふやし需要を喚起するというのである。一方で貯蓄に回る分も考慮すれば、金融機関の融資の幅を広げることで国民全体の所得をあげることが可能だというのであった。企業にとっては技術革新の時代であり、このような融資で産業界全体が活況になるとの計算があった。

こうした政策は現実に理論どおりに展開していった。いや、この理論は日本人の勤労性に合致したともいえるし、ひとたび目標を決めればそこに邁進する国民性にも合致したのである。経済評論家の竹内宏によれば、昭和二十年代の日本は発展途上国であったが、三十年代前半に中進国になり、三十年代後半から四十年代前半にかけては、日本はたちまちのうちに先進国のトップレベルまで昇りつめたのである。

それはこうした国民性の長所が発揮されたからだった。

こうした体験は、昭和中期第一期の戦争の傷を受けての国土荒廃から一気に立ち上ることもまた示したのであった。

日本人に自信を与えた東京オリンピック

高度経済成長政策が現実に結実する一方で、さらに日本人に国民的な自信を与えたのが、昭和三十九年（一九六四）に開かれた東京オリンピックであった。もともと東京オリンピックは昭和十五年（一九四〇）に開かれることになっていたが、ヒットラーがヨーロッパ全域を支配する状況にあり、オリンピックどころではない「戦争の時代」だったのである。加えて日本も中国との戦争が泥沼化していて、オリンピックを開くほどの余裕もなかった。そこで日本は辞退した。

そのときから二十四年を経ていた。池田首相は、オリンピックの開催は日本が国際社会でも相応の地位を占めることをあらわすとして積極的に支援した。日本人はこのときに始めてナショナリズムの良質さを自覚したのであった。戦争の折りには歪んでいたナショナリズムのみが幅をきかせていたが、もっと国民的な広がりをもつナショナリズムを自覚したといってもよかった。

マラソンの円谷幸吉、女子バレーの「東洋の魔女」を始めとして、テレビで見る日本人選手の健闘には国中がわきかえり、そこに国際社会でも存在感を示しつつ、戦後の「平和国家」のイメージを焼きつけることができたのであった。しかし東京オリンピックの果たした役割はこれだけでなく、東京を中心にして日本の都市を大きく変えることになったのである。

オリンピックの開会十日前には、大阪、東京間に新幹線が走った。東京都内には高度経済成長政策の始まりとともにオリンピックを意識しての高速道路がつくられたし、幹線道路が次々と舗装されることになり、道路事情は一変した。古い住宅は壊され、旧来のビルも建て替えられ、それまでの汲み取り便所から一斉に水洗トイレに変わっていった。都心には高層ビルも建てられた。

新宿、渋谷、池袋などのターミナル駅には高層ビルだけでなく、新たに歓楽施設もつくられ、経済成長のもとでこうしたサービス業もまた多角化し、そして多様化していった。東京は一挙にニューヨークのような近代都市にと変わっていった。当時の東京都知事は東龍太郎（あずまりょうたろう）であったが、「東京はオリンピックによって世界のどの都市にも負けないほどの都市改造を行って便利で住みよい都市にかわった」と議会でも答弁し、実際そのとおりであった。東京のなかからは、昭和後期の高度経済成長期まで引きずっていた非近代ともいうべき施設はほとんど取り払われていったのだ。

このころに日本の社会構造も急速に都市化していった。企業の活動はしだいに社会の意識を変えるまでに進んで、テレビが国民生活の軸に据えられ、テレビによって一気に情報伝達が早まると同時に、その内容はしばしば感性のみで終始することになり、黙考する気風が社会からは急速に薄れていった。

先細りする農業

東京オリンピックが日本社会の国際化を促すきっかけになったと同じように、貿易為替の自由化計画がこのころになると、経済成長を支える大きな柱であることが明らかになっていった。自由化率は昭和三十五年には四一％だったのに昭和四十八年には九五％まで激増した。

輸入制限品目も百三十六から三十二にまで減少した。資本自由化も昭和四十二年から四十八年まで進められ、原則的には一〇〇％にまでなった。資本自由化が認められるのと比例して、日本国内でも企業の合併が進んでいる。昭和四十五年の八幡製鉄と富士製鉄の合併による新日本製鉄の誕生がその例でもあった。

こうした企業社会は高度の専門技術、人事管理、研究システム、それに社員の愛社精神などを必要とし、それに伴う企業内の社員教育も必要とされた。日本の企業社会も国際社会に伍していくための質的充実が要求されたが、アメリカやヨーロッパに見られるような労働力の移動はあまり見られず、企業に入ったらやはりそこで勤めあげるというのが日本社会の美風として語り伝えられた。それをもとにしての企業教育であった。

まだ労働力の移動は行われるとは予想されず、職業人の誇りよりも愛社精神を重視する方向にあった。この愛社精神が崩壊していくのは昭和という時代より、むしろ平成という時代に入ってからのことだった。

経済成長はオリンピック後の昭和四十年代に入るとなおのこと加速した。

こうした経済大国への道は、当然ながら二つの現象を生むことになった。ひとつはもともと農業国でもあった日本は、農業そのものを社会から切り捨てるような時代になったのである。もうひとつは経済成長で満たされる生活環境の良さや所得水準の高さと比例する形で、各地で新たに公害問題が起きた。急激な環境の変化はそのマイナスの部分もまた露呈してきたということができた。

このふたつの現象もまた昭和後期の第二期の特徴だったのである。農家の戸数は昭和四十八年には五百十万戸にまで減少した。日本が独立を回復した昭和後期のときには六百四万戸であったから百万戸近くが減ったのである。農林省などの統計では農民の子弟の就農率は、昭和三十八年には一五％だったのに四十八年には五％を切る状態になった。農業そのものがしだいに実りのない職業であると語られるようになり、いわゆる「三ちゃん農業（注・ばあちゃん、じいちゃん、かあちゃん）」といわれる時代に入ったのだ。

農業をはなれた一家はそのまま都市に移りすみ、そして現業部門に携わるなどして収入を確保しての生活にはいった。農村では休耕田もふえ、わずかの農民によって細々と米や野菜がつくられるだけの状態になったのである。

昭和後期の第一期の末期から昭和四十八年第二期が終わるころまでの就業人口がどのように変わっていったかを見ていくと、第一次産業は一三％（第一期の末期には三八％）、第二次産業は三七％（同二四％）、そして第三次産業は五〇％（同三八％）へと変化をとげた。第三次産業がふえていることがすでにこの期にあらわれているし、農業はしだいに先細り状態になると推測されていた。

昭和中期の第一期には、ＧＨＱの命令によって農地改革も行われたが、この施策によってそれまでの農業構造が大きく変わっていった。

この期にＧＨＱによる民主化政策によって土地を手に入れた、かつて農村で不利な状態に置かれていた農民が経済的に豊かになり、新たな富裕層にもなっていったのである。

公害防止か経済成長か

経済成長のもうひとつの影は、公害問題の発生であった。あまりにも経済主導の政策がつづいたため企業によっては廃液を海や川に流したり、あるいは煙突の煙から有害物質を含んだ蒸気が洩れたり、これに伴っての食品公害が起こるようにもなった。そうした公害によって、新たに公害病ともいうべき社会的病いが次から次へと明らかにされていった。水俣病、新潟県の第二水俣病、イタイイタイ病などがとくに知られることになった。

公害が発生するのは大体が企業に責任があり、設備投資の段階で公害の恐れのある施設の改善などが本来なら必要であった。しかし現実には公害防止よりも経済成長を選択する企業が多かった。そのためにこの第二期の期間に、前述の代表的な公害病患者たちは、その因をつくった企業を訴えている。これらの主要な裁判は昭和四十八年三月までに結審しているのだが、いずれも原告側の勝訴に終わっている。それは企業側の対応の遅れと営業主導の体質が露呈する事態でもあった。

経済成長と一線を劃して、日本ももっとゆっくりと歩み、公害をださない企業をふやしていくことが重要だとは、このころに新聞などの社説でもっともっとくり返された論調でもあった。しかし国民の意識は公害に目を向けることなく、経済成長そのものを歓迎する状態ともいえた。

総理府が昭和四十六年三月に行った「社会意識に関する世論調査」の結果はそのことを裏づけていた。経済成長は「よい面が多かった」は二七%、よい面と悪い面が「両方同じくらい」は二九%、「悪い面が多かった」は一四%、「一概にいえない」は一八%、「わからない」が一二%となっている。全体にプラスの評価が大きいことがわかる。

この第二期は一貫して自民党による保守政治が政権をにぎっていたが、しかし昭和四十二年からしばしば地方自治体などでは野党の知事が誕生することになった。東京の美濃部亮吉、大阪の黒田了一を始めとして革新系の知事が国政の選挙とは別に多数の票を獲得することがあった。これについては、自民党の政治がときに物量のみを目的にし、経済成長のマイナス面を無視して傲慢に傾くことがあったので、そのチェック役を果たしたといえるであろう。

もう一方で野党の知事が誕生したのは、昭和四十二年に就任以来、美濃部亮吉が東京都知事として福祉政策を徹底的に進め、老人医療の無料化などによって経済成長の恩恵に浴することのできない層に予算を回したことも理由とされた。このことはよく考えてみると、国のもっている富を分配する論理が働いたともいえるわけで、自民党政治のなかに社会党、共産党の統一による知事が生まれたことは経済成長のパイの分捕り合戦の意味があったと今では定義づけされるだろう。

全共闘運動の自己崩壊

昭和後期の第二期を語るときにもうひとつ指摘しておかなければならないことがある。私は昭和史のなかでもこの期がもっとも活性化していたと書いたが、そのことを説明しておきたいと思う。それは昭和四十二年ごろから全国の大学に広範囲に起こった全共闘運動についてである。この運動を政治運動とみるか、社会的な欲求不満を吸収しての社会運動というべきか、あるいは旧体制のモラルを問い直す整風運動というか、その評価は分かれるところだ。昭和後期については、未だ〈歴史〉の領域に入ったというわけにはいかないが、いずれ歴史的な視点で学生を中心として労働者、市民など十代、二十代の青年が社会的に起こした行動は整理されなければならないであろう。

国際社会でも、アメリカによるベトナム内戦への介入に対しての反対運動、フランスに起こった学生を中心にしての反体制運動、中国での紅衛兵による文化大革命などと軌を一にして、日本の大学でも暴動まがいの異議申し立てが起こっている。この運動について、昭和後期の第一期から第二期に移るときの、いわゆる「六〇年安保」を体験した世代としてはふたつの疑問や時代の変化を感じたとつけ加えておくべきだろう。ひとつは、この全共闘世代は、自治会とは各大学にあって、いわばその大学の自治会ごとに学生はデモにでかける、あるいは自らの大学の自治会を起点にして活動をつづけているとの「六〇年安保」世代とは別の行動をとった。

つまり革命を呼号するセクトがあり、そのセクトを中心にして大学の自治会が動くという構図をとっていた。彼らの世代はその前の世代の学生運動を「ポツダム自治会」と蔑称していたのが、私の印象にのこっている。

タテ割りの学生自治会をヨコ割りに変えたということだ。

もうひとつは、「六〇年安保世代」の服装はトレーニングズボンにズック靴で、デモにでかけるときは棒ももたないし、タオルで覆面もしない。それは市民的権利を認めている憲法のその権利を行使しているとの自覚があったからだ。しかし全共闘世代はそのようなスタイルを破った。私は出版社で雑誌をつくる側にいたのでよく取材にいったが、彼らはゲバ棒をもち、覆面をして警官隊とわたりあい殴りあっていた。百人単位で検挙される段になると、まだ少年のような顔で一様に泣きじゃくっている姿を見た。これは革命運動などではなく、遊びではないかと私は思ったものだ。

もっとも一部の学生や労働者、市民は、革命運動に走り、やがて連合赤軍にいきついて仲間うちで殺人をくり返し自己崩壊していったのはすでに歴史でも明らかになっている。私はこの期の青年たちの運動でなんとも納得できなかったのは、人を殺（あや）めることを何とも思わないという現実を生んだことだ。昭和後期の第二期はこのような自省すべき史実が多いのも事実で、そのことは太平洋戦争の時代をヒューマニズムの視点で批判することはできないとの意味を含んでいた。

昭和史を確かめるうえでこれはきわめて重要な約束ごとではないかと思う。

「田中角栄」という日本人の欲望

昭和後期の第三期、そして第四期については、多様な見方で時代を見つめることができるし、あるいは歴史のなかに位置づけるのは不透明なところがあるのも事実だ。私はこの第三期、第四期は〈田中角栄〉という人物を据えるとよく理解できるように思う。田中角栄という人物は固有名詞であると同時に普通名詞の意味をもっている。具体的にはどういうことか。この人物は昭和という時代を貫く一本の芯（むろんその芯は数多くあり、そのうちの重要な芯という意味でもあるが）である「経済を発展させ、物量を満たすことによって人間の幸福が得られる」という人生訓を代表した生き方をしている。つまり庶民のもつ欲望、あるいは功名心などをこの人物は代表し、それを恥じらうことなくあからさまにし、そしてそれにもとづいての行動を見事なまでに示して生きた存在だ。

この首相を選んだ昭和四十七年七月七日は、単に田中角栄という固有名詞が首相になったのではなく、〈田中角栄〉という語に代表される昭和の日本人のもつ欲望がとうとう政権の座まで辿りついた日という言い方ができる。そしてわずか二年余の期間に倒れてしまうこの内閣は、その短期間に昭和史を総括する歴史的な政策を行っているのである。いわばきれいごとで批判できる内閣ではない反面、その本音を通して改めてその責任を問わなければならない面をもっている内閣ともいっていい。

田中角栄が首相に就任したとき、メディアはそれこそ「今太閤」とか「昭和出世物語」のエピソードで大さわぎをした。それまでの七年近い間、佐藤栄作首相の官僚的な手法にあきあきしていた国民は、日ごろからダミ声で本音で話し、決して高邁なことをいうのではなく日常の世間話のように政治を語るその口調に「庶民的」な雰囲気を感じ、そして支援を与えたのだ。田中内閣の発足当時の支持率の高さはこうした人間性に対してとにかく支持を与えたということができたのである。

日本列島が巨大な都市空間にかわる

さらに田中内閣の誕生前に、この首相は「日本列島改造論」という自らの政策を一冊の書として著わしてベストセラーになっていた。もともと政治家としては具体的な政策をもっていなかった田中だが、この書によって政策通のように見られるようになったのだから皮肉といえば皮肉である。この論の主眼は、東京、大阪などいわゆる大都市の人口を地方に分散していくことで、地方に人口が二十万から三十万の幾つもの都市をつくるというのであった。その都市にいまの東京がもっている社会的、経済的、政治的地位を分散し付与していく点に狙いがあった。

田中は、この日本にそうした都市をつくりその都市の周辺に居住地域を開発し、高速道路を整備して「速くて便利な生活空間と職業空間の組み合わせ」を考えていたということになるだろう。

田中政権がどのような業績をのこしたかを記録している中野士朗著『田中政権・886日』（一九八二年刊）によるなら、『日本列島改造論』（一九七二年刊）はもともと「日刊工業新聞の新年企画に応じて、田中が口述したものが、のちに一冊の本として出版」されたものだという。この書の下敷きとなったのは、昭和四十三年に自民党都市政策調査会がまとめた「都市政策大綱」だった。この大綱には当時の大胆な都市改革の構想が含まれていたといい、そのテーマは中野士朗によれば、「都市の主人は工業や機械ではなく、人間そのものである。人々に緑と太陽と空間の恵沢をもたらし、勤労と生活の喜びを与える都市社会を形成しなければならない」という点にあった。

この膨大な政策大綱（四百五十三ページに及んだ）は、経済成長のなかで都市の確かにあるべき姿を官僚や研究者がまとめていたのである。

『日本列島改造論』は、この政策大綱の都合のいいところをまとめた書ともいえるが、前述の書のなかで中野士朗は、この書について次のように書いている。意外にこれが正しいというべきかもしれない。

「田中が掲げた『日本列島改造論』は、本来、十年二十年先を見通した総合政策のはずだった。『都市政策大綱』を手がけた麓（ふもと）邦明（保阪注・元共同通信の政治部記者）は『昭和四十二、三年の段階では、石油ショックは予見できなかったし、あらゆるデータを点検しても、経済が下降する要素は見つからなかった。その点では条件が一変したが、それでも都市政策大綱の考え方、手法は、これからも活用できる』と語っている」

ところが田中がこの改造論を発表したときには、こうした都市政策大綱のもつきわめて真摯な側面は消えてしまい、とにかく拠点都市を新幹線でつなぎ、高速道路を走らせ、日本全国どこでも一日でいけるような国づくりをするという点のみが喧伝された。国民もまた歓迎したのである。まさに日本列島は巨大な都市空間にかわるということでもあったのだ。

土地ころがしと禁欲的なモラルへの軽侮

日本の経済はこれからも右肩上がりで上昇をつづけると考えられていたときであった。

しかしこの段階から、つまり田中内閣が誕生するころから、奇妙な現象が起こった。土地の買い漁りが企業で始まったのだ。値上りしたら転売しようというのであった。ほとんどの企業が不動産に関心を示し、まさに「土地本位制」という状況を呈するに到った。地価はどこでも二〇％から三〇％は上昇することになった。

このことはしだいに国民のモラルにまで影響するようになる。土地をころがすことで利益を生むのだから、勤労のイメージがくずれてしまったのだ。禁欲的なモラルなどむしろ軽侮される時代になった。昭和四十六年、四十七年と田中内閣が誕生する前後は社会全体が浮足立っていたともいえるだろう。

昭和後期の第三期は、前述のように昭和四十八年十一月から始まると書いたが、あえて第二期は田中政治がこうした「土地本位制」によって国民の意識をきわめて低次元にさげることで終わったといいたいのである。私はこのような第二期の終わりでの日本列島改造論による非人間的空間を、次のように考えるとわかりやすいのではないかと思う。

〈昭和三十五年からの第二期の高度経済成長には光と影があった。日本列島改造論は光があてられているかに見えながら、その実、影であった。それは太平洋戦争が緒戦の戦果がよかったのに（アメリカがまだ戦時態勢でなかったから）、しだいに戦況が悪化していって最終段階ではカタストロフに陥ってしまったのと同様に、高度経済成長政策もその最終段階では自分さえよければいいとのエゴイズムに傾いて

いくことになった〉

経済成長がつまずいてしまい、エゴイズムに入っていくとき、そしてそれが新たな時代の空気を生みだすきっかけになるとき、それが第二期と第三期の分かれ目だったということになる。だからこそ最終的に第二期が解体していくきっかけとなった石油ショックについて見ていかなければならない。

石油ショック・パニック

田中内閣に不幸だったのは昭和四十八年秋の第一次石油ショックに出会ったことだとよくいわれる。これは田中内閣の失政とはいえないが、田中内閣の政治姿勢が輪をかけたということができた。この年十月にＯＡＰＥＣ（アラブの石油輸出国でつくっている機構）が、石油の供給制限、削減を決めている。アメリカのイスラエル支援への対抗措置であり、石油の値上げを考えてのことだった。

このＯＡＰＥＣの政策はすぐに日本にはね返ってきた。兵庫県尼崎市のスーパーでトイレットペーパーの買い占めが始まったのを機にその動きが大阪市内に波及していく。トイレットペーパーがなくなり、水洗トイレがつかえなくなるとの噂が広まったためだ。全国のスーパーで列ができた。つづいて砂糖、醬油、塩などが不足になると、やはり人々はスーパーに列をなした。流言飛語がとび、次に何が不足になるといったデマが幾つも流された。

こうしたパニックは社会現象にもなった。実際にこのような物資は不足していなかったのだ。通産省などがそのようなモノ不足はないと発表してもこの動きはとまらなかった。

田中内閣はこの年十一月十六日に、緊急石油対策推進本部を設置して節約キャンペーンを行っている。石油ショックに対応して生活をひきしめようというのが狙いだとし、企業は石油と電力の消費を減らす、マイカー出勤の自粛、ネオンの点灯自粛などを打ちだしている。

このような手を打ったにもかかわらず、便乗値上げ、物資の買い占め、出し惜しみなどがあった。田中内閣はそうした動きにも対応しなければならなかったのである。監督官庁がメーカーにスーパーや小売り店への出荷を強力に要請するなどの手を打ってやっとパニックはおさまった。このような国民の不安や不信がすぐにパニックにつながるところに日本社会の一方に傾く特質が浮かびあがる。

土地の買い占めによる、まさに土地本位制の社会、それに石油ショックによる人心の荒廃ぶり。その事実は日本ではなにか起こりそうなデマを流すだけで社会が混乱することを裏づけていたし、物量に対する際限のない欲望をエゴと化してまで自らの手のなかにいれようとする国民性も物語っていたのだ。つまり日本人の国民性のなかに〈田中角栄〉が存在するということだった。

田中角栄の唯物主義的発想

田中が病いのために政界を引退するのは、平成元年十月のことだが、このときに各メディアはその引退にふれながら、田中政治とは何だったのかを問うている。そのなかで外国人特派員や研究者が興味のある分析をしている。（「週刊朝日」一九八九年十月二十七日号）。「ウォールストリート・ジャーナル」のアーバン・レーナー東京支局長の「パワフルで非常に魅力のある人だが、人格に問題があったニクソンのタイプに近い。カネに異常なほどの強迫観念を持っていた」というのが平均的な見方だが、カリフォルニア大学サンディエゴ校のチャルマーズ・ジョンソン教授は、「戦後日本の光と影のすべてを凝縮し、土着的な日本政治のエネルギーを体現した最後の政治家」と評している。

この見方が案外当たっているのではないかと思えるのだ。

〈田中角栄〉の言を分析していくと、そこには徹底した唯物主義的発想が見える。金銭が人間を幸せにする必須要因との見方は彼の発言のなかにもしばしばでてくるし、実際に彼の人心掌握術はプレゼントや現金をわたすということによってその歓心をつかむことに徹している。これは日本の共同体がもっているもっともありふれた人生の幸福観である。人は他人から金銭やモノをもらって悪い気はしない。そこに〈田中角栄〉的な日本人のモラルがある。

　戦後社会は欲望を肥大化させ、それに歯止めをかける哲学や思想をもたなかった。それゆえに〈田中角栄〉の存在は国民の内に肥大化し、それが醜い形になったとき、国民ははっと気づいたということがいえたのだ。

　田中角栄が引退に追いやられるきっかけは、月刊「文藝春秋」の昭和四十九年十一月号に掲載された立花隆の「田中角栄研究――その金脈と人脈」のレポートからである。立花はこのレポートのなかで、田中が自らの地元新潟県における各種の事業を巧みに立法とからませて錬金化していたことを明かし、同時に田中自身の土地ころがしの手法などをこまかに指摘した。これを読む限り、確かに田中は政治家というより、政治をカネに変える政商まがいの虚業家といえた。このレポートは、外国のメディアによって改めて引用、追及されることになり、田中はその釈明を行わなければならなかった。

このレポートは国会でも問題になり、国民的な関心事となった。結局この年十一月二十六日に田中は辞任を表明することになった。もとよりこの間の動きはさまざまに入り組んでいたが、田中失脚の図は立花レポートが軸になったという事実は否定できない。

これは昭和史を俯瞰したときに、言論が内閣を倒したという稀有の例として記録されることになったのである。

田中は辞職の記者会見を拒み、「私の決意」と題する一文を官房長官の竹下登に託して発表させた。そのなかに興味のある一節が含まれていた。次の一節である。

「一人の人間として考えるとき、私は裸一貫で郷里を発って以来、一日も休むことなく、ただ真面目に働き続けてまいりました。顧みまして、いささかの感慨もあります。しかし、私個人の問題で、かりそめにも世間の誤解を招いたことは、公人として、不明、不徳のいたすところであり、耐えがたい痛苦を覚えるのであります。私は、いずれ真実を明らかにして、国民の理解を得てまいりたいと考えております。

（以下略）」

田中は金脈問題を説明していずれ復権することを考えていた。まだ五十六歳の若さだったから当然といえば当然でもあった。

しかし私が注目したいのは、田中が日本の農村共同体から都市へ流出してきた農民の意識をそのままもっていることをあらわしたことだ。故郷から裸一貫で上京し、そして功成り名をとげたという自負がその声明のなかにある。この自負が彼の支えだったのである。日本の政治家の意識としては、これがもっとも典型的な農村型の政治家の意識だったともいえるだろう。

権力の二重構造

昭和後期の第三期は、この田中によってふり回されていった。

田中はその首相在任時の初期に、日本と中国の国交回復の道を開いた。昭和前期の日本の対中国政策の誤りに端を発し、昭和中期には毛沢東の中国ではなく蔣介石の中国と国交を結んでいたが、国際社会では毛沢東の支配する中国が正統政府として認められていた。田中は、アメリカが対中接近を示しているのを利用しながら、独自に中国との国交回復を行った。これで田中は、「昭和史にとって最大の懸案だった中国との円滑な外交関係を樹立した」政治家として歴史に名をのこすことになった。

このとき毛沢東が田中に対して、「中国が統一できたのは日本軍国主義のおかげです」といったのは皮肉に聞こえるが、しかし歴史的には事実だったのである。

昭和後期の第三期は、昭和五十七年十一月の中曾根内閣の誕生までを指すと思うが、この間は政治的には経済大国となった日本が経済力を背景にして発言力を強めた時期であった。一九七九年からの第二次石油ショックでは石油価格は国際的に一バレル当たり十三ドルから三十四ドルに暴騰したが、日本はむしろ経済危機にならずにその成長を維持した。底力がついてきたのである。こうした日本経済の好調は、日本型の企業経営にあるとして、国際的には終身雇用制度などが見直されることにもなったのである。

経済のこういう状態に伴って、社会的にはこの期は安定しているともいえた。過激派による政治闘争、中学校での校内暴力などが頻発していたにせよ、それは社会を揺るがす事件とまではいえなかった。

しかし政治的には権力の二重構造が生まれた時代でもあった。

田中角栄が東京地検特捜部によって外国為替管理法違反で逮捕されたのは、昭和五十一年七月であった。前首相の逮捕というのは、まさに国際的なニュースとなったのだ。

逮捕の発端はロッキード事件である。アメリカ上院の外交委員会多国籍企業小委員会の公聴会で、ロッキード社の会計監査人がエアバス、トライスター機の売り込みで日本の政界、財界、官界に三十億円をつかったと証言してからである。この証言にもとづいて東京地検が取り調べに入り、田中にも丸紅の幹部からワイロがわたっているとして逮捕されたのである。田中以外にも自民党首脳の名が挙がり、その一部は実際に逮捕された。

この裁判は昭和五十二年一月から始まった。田中はむろん収賄を認めず、弁護団を編成して法廷での戦いに入っている。この間、ロッキード事件の公判は新聞でも詳細に報じられた。田中はこの裁判の傍ら、自民党を脱党しているにもかかわらず田中派（木曜会）の議員を次々に増やし、田中派を抜きに内閣は組閣できないようにした。そしてどの内閣にも法務大臣には親田中の議員を押しつけ、裁判への圧力をかけつづけた。

田中のあとの三木武夫内閣ではまだロッキード事件前だったために派閥の拡大を企図していなかったが、逮捕後の大平正芳、鈴木善幸、そして中曾根康弘首相の誕生時には、少なからず田中の意思が働いていた。昭和五十三年の自民党総裁選で大平が現職の福田赳夫に勝てたのは田中軍団の集票活動によっている。したがってこの内閣も、「角影」政権などといわれた。大平はその後の選挙時に病死し、そのあとを継いだ鈴木は、温厚な性格で首相の器ではないとされたが、田中としては懐柔が容易なために首相に選ばれた。しかし表面的には鈴木は田中との接触を避けていた。

政局は、刑事被告人の田中がふり回していたことになるが、昭和後期の第三期はそのために日本の社会そのものの二重構造（つまりホンネとタテマエ）が顕わになった時期でもあった。

田中に東京地裁で判決が下ったのは、昭和五十八年十月のことで、田中は「まったく反省の色がない」として懲役五年、追徴金五億円が科せられた。田中はすぐに東京高裁に控訴したが、しかしこの東京地裁の判決がそのまま認められた形になったため、最高裁に上告している。

「戦後政治の総決算」

昭和後期の第四期は、昭和五十七年十一月から六十四年一月七日までとなるのだが、この昭和五十七年十一月は鈴木内閣のあとを受けて中曾根内閣が誕生したときだ。つまり前述のように田中への東京地裁での判決がでる一年ほど前ということになる。

この中曾根内閣も田中派、あるいは田中軍団の支持を受けて誕生した。その後の内閣改造では、朝日新聞が一面トップに、「田中曾根内閣誕生」という見出しを掲げてひんしゅくを買ったこともあった。中曾根首相は田中を中心にした勢力の圧倒的な支持を受けながら、「戦後政治の総決算」あるいはその見直しを着実に実行した。とくに行財政改革に取り組んで、そのことで一定の成果を挙げたことは確かに相応の評価を受けてもよかったのである。

　中曾根内閣は当初こそ田中軍団の支援を受けたが、田中支配に抗する党内の動きはしだいに高まり、それに自民党との提携をめざす公明党と民社党が乗るという形で、一時は田中の側近である二階堂進をかつぐという事態にまでなった。日本の政治は往々にして、その最終段階では側近が背くという形で実力者が政治的地位を失うのであったが、このときもそのような方向が見えた。これに対して、田中も二階堂を説得してこうした案をつぶすという一幕もあった。

中曾根は「戦後政治の総決算」という語を好み、ちょうどこのころ米ソの冷戦構造はアメリカのレーガン大統領がソ連を軍拡競争に引きずりこむという形で最終段階を迎えていたこともあって、徹底して日米同盟に与（くみ）する路線を採った。この一方で国内政治では、昭和中期第一期の民主化、非軍事化の見直し、さらに第一期と第二期の亀裂（つまり憲法の理念と現実の相克など）を是正することを総決算と称したようであった。

行財政改革の推進にあたっては、審議会や調査会を次々につくり、そこで諮問と答申を行わせ、それを国会に認めさせるという手法を好んだ。経団連の土光敏夫会長をかついでの臨時行政調査会方式により、電電公社や国鉄、専売公社の民営化に成功している。さらに戦後の見直しとしては教育改革もテーマにあげ、教育政策も臨時教育審議会で審議するという方針も進めている。これは実質的には実っていない。

浮わついたバブル経済

アメリカ主導の国際社会の勢いも、この期になるとしだいに弱まってきた。軍事費の膨張を続けるアメリカにとって、国家財政は赤字の累積という状態になり国内経済は悪化してアメリカ国民の不満も高まった。そこでアメリカは先進国に対し対ドル価のレートを引きあげるよう要請した。この会談はニューヨークのプラザホテルで、アメリカ、イギリス、ドイツ、フランス、日本の蔵相と中央銀行総裁との間で行われ、一〇％から二〇％の引き上げが決まった。一九八五年九月のプラザ合意である。

この引き上げで日本の輸出産業は打撃を受けた。しかしその輸出政策をすぐに手直しして、結果的には円高になってもドル建ての輸出は伸びていった。円の切り上げとドルの切り下げによっても日本の貿易額は輸出超過という状態になったのである。日本経済は依然として好調だったのだ。

日米関係は経済面で摩擦を生じるようになった。経済も科学技術もアメリカに追いつく形になり、アメリカの貿易は日本に対して最大の債務国となった。当然ながら、アメリカ国内にはアメリカは日本に門戸を開放しているのに、日本は市場を閉鎖しているのはおかしいとの声があがった。こうしたアメリカ側の怒りが、頂点に達したのは昭和六十二年である。

この年の春、日本の機械メーカーがココム（対共産圏輸出統制委員会）違反をしているとアメリカ議会でも問題になった。こうした動きが反日世論をかきたて、下院の反日派議員が議会前で日本のメーカーのラジカセをもちだしハンマーで叩き割るというパフォーマンスを演じるに至っている。日本は昭和の終わりになって、対アメリカの経済政策を直視する必要に迫られたのだ。

昭和後期の第四期では、中曾根首相を経て、脱田中を鮮明にした竹下登の登場によって、日本の政治は個性を打ちだすより調和の政治へと変わっていった。つまり昭和という時代はきわめて個性の薄い内閣で幕を閉じたのである。

ただ最終幕で見えてきたのは、国内ではバブル経済、国外ではソ連を中心とする旧社会主義体制の崩壊という方向であった。バブル経済はいわば土地本位制という歪みから始まり、これは平成二年、三年までつづいている。昭和という時代が昭和二年から三年、四年にかけての不況で始まったように、昭和の終わりは今度はバブルという泡のような時代の空気を平成に引きついだのである。

昭和という時代はさまざまな光景をえがいてきたが、その末年ともいうべき昭和六十三年と、そしてわずか一週間だけの六十四年は、その社会の底流にいささか浮わついた人間模様をえがきながら、ゆっくりと幕を閉じたのである。その終焉は昭和という時代が辿ってきた多様な表情のどの部分であるのか、歴史的にはどう総括されるのか、が改めて問われていくということでもあった。

第五章　昭和を語り継ぐ精神

一対一対八の法則

昭和という時代を語り継ぐ、というのは、実は生半可な態度でできることではない。自らが体験したことを語ればいい、というのではあまりにも歴史を語る姿勢に欠けている。いや精神に欠けている。

私は、昭和史の語り部たらんと志して多くの人に会ってきた。日本だけではなく、アメリカ、ロシア、中国、韓国、インドネシア、オランダなどそれぞれの国で一九三〇年代、四〇年代を生きてきた人たちの証言に耳を傾けてきた。そうした取材を通して、人は自らの体験を語るときには、単に思い出や回顧、あるいは教訓じみた話を語っていながら、必ずそれぞれの生きた姿をさらけだすということに気づいた。

その姿を見るたびに、私は自らの体験を証言する人のなかにある法則、あるいはあるルールがあることに気づいた。そのルールを守っている人と守らない人との間には、同じ証言をしていても人間的な器の違いがあることがわかった。その法則、ルールとはどのようなものか。二つの例を引いて語っておきたい。

ひとつは、自らの体験を証言するときにその言には彼個人だけではなく、彼にその証言を託している多くの死者が見え隠れしているということだ。インパールの戦線で、白骨街道といわれる道を撤退してきたある部隊の生きのこりの兵士がいる。この兵士が私にその戦争の苛酷さを語ったのは、昭和の終わりから平成にかけてのことだった。彼はいかにこの作戦が大本営や司令部の参謀たちの手柄稼ぎの意味のない作戦だったかを、当時の感情をもとにしつつたんたんと語った。

正座して語っている彼の姿に、まさにあの戦線で餓死していった兵士たちの姿が重なるほどだった。そして気づいたのだが、彼は私に見えないようにして、手には数珠（じゅず）を握っていた。死者となった仲間たちの霊を慰めずには語れないのである。このように自分はたまたま生者の側にいるが、死者の側にいる戦友たちを思いながら証言を行うということが、基本的な約束ごと、あるいはルールといってもいいのである。

私はこのような兵士たちに何人も出会った。彼らは真剣に証言している。それに私は応えなければならない。それが、真に昭和という時代を語り継ぐことの意味である。こうした真剣味もなく、自分が生きのこったことだけをとくとくと語る元兵士は、その証言に曇りがある、あるいは意図的に誤りを語っているケースが多いのである。

もうひとつのルールがある。私は前述のように多くの証言者に会ってきて、そこに法則のようなものがあることに気づいたのである。それを私は、「一対一対八の法則」と勝手に名づけている。一・一・八の法則とは何か。初めの一は、自らの証言をきわめて真摯に誠実に話すタイプの人たちである。こういう人は、決して声高に、自慢気に、そしてジェスチェア付きで話すことはない。私は誠実派と名づけているが、そのとき、その場で、直接に感じたこと、見たこと、体験したことのみを話すのだ。客観的な表現で語り、自慢したり、悲しんだり、という感情的な表現は用いない。

だからたとえば、「ここまでが当時の私の体験です。これから先は、改めて戦後になって史料を読んだり、他人の意見を聞いたりしてそののちにできあがった私の考えです」という具合に証言する。こういう人を、私はもっとも信頼する。私は体験を語り継ぐけれど、それをどのように受け止めるかはあなたの自由である、という言い方をする人たちでもある。このような誠実派は、私が取材したなかでも一割ていどしかいない。

このタイプの人たちの証言には、私は真剣に耳を傾ける。名前を挙げれば、陸軍省軍務局の高級課員だった石井秋穂、大本営陸軍部第二部（情報部）の参謀だった堀栄三、それに東條英機首相の秘書官をつとめたことのある井本熊男などもそうだった。むしろ軍人のなかにこの種のタイプは多かったのである。

証言をごまかそうとするタイプ

次の一は、嘘をつくことを目的にしていたり、初めから虚偽の言を吐いて、その証言をごまかそうとする者である。こういうタイプにも私は何人か会っている。特攻隊の隊員でもないのにそのように言いふらし、あたかもその証言が貴重であるかのようにふるまう者もいる。九州のある地域に住んでいる飲食店経営者などがそうだ。この人物に電話で話を聞いたのだが、特攻隊員と称しながら自分はどの部隊だったか、上官は誰だったのかなどすこしも答えられないのである。

いまの時代は昭和史の検証能力が落ちているから、こういう嘘つきの輩の証言が歴史になりかねない面もある（現実にこのニセ特攻隊員はイギリスのＢＢＣ放送に出演したといわれているほどだ）。

もう一人例をあげれば、これもやはり私の出会ったケースだが、二年ほど前に八十代に入ったばかりの老人の言である。この人物は高射砲部隊の一員として、昭和十七年四月十八日にドゥリットル隊の攻撃機を千葉の房総で撃ち落したというのが自慢なのだという。ところが細部にわたって確認していくとそれはまったくの虚偽だということがわかってくる。なにより当時、年齢を確かめると十六歳でしかない。

なぜこのような虚言を弄するのだろう。たまたま地元の新聞に話したらそれがそのまま載ってしまったらしい。そこで彼はこのウソを自らで真実と信じることにしていった。町のヒーローであることを崩したくなかったと思われるのだ。こういう虚言の体験談は、実はまだまだ多く出回っている。それをきちんと正しておくのは、昭和史を語り継ぐと決めた者の務めではないかと、私は考えている。

老人たちに体験を聞く時の心構え

さて前述の一・一・八の法則ののこりの八について語っておきたい。八は私を含めてごくふつうの人たちである。自らの体験を語るときに辛いことは忘れるか、大仰になるか、嬉しいときの話は大きくなり、悲しいことは忘れようとする。それは私たちの日々の当たり前の心理である。そういう心理操作をすることが現実で生きるという意味にもなる。

今から思えば、昭和の戦争体験など六十年余も前のことである。兵士としての体験をもつ者は八十二歳を超えている。もっとも少年兵として志願で戦場に赴いた者もいるから、いちがいに八十二歳以上とはいえないのだが、それでもこうした老人たちの体験を聞くには一定の心構えが必要である。その心構えや精神をもつことが昭和史を学んでいくときの重要な要因になるといっていいであろう。

話を戻せば、前述の八を占める庶民の証言者は、その証言がすべて真実とはいえないかわりに、すべて虚偽ともいえない。その証言には必ず誇張、美化、隠蔽、そして操作という心理上の手が加わっている。それを見抜くことが大切なのである。

私の体験になるが、昭和五十年代に東條英機という軍人・政治家の軌跡を調べて書を著そうとして取材を進めたことがあった。そのころは戦争が終わってまだ三十年余を経たばかりだから証言者の数は多く、その内容もまた真実に近い史実を幾つも確かめることができたのである。そういう折り、ある参謀に証言を求めて話を聞いたことがある。

その参謀は、陸軍大学校出身のエリートであり、いわば省部の重要なポジションに座っていた軍人でもあった。この軍人が次のように証言したのである。昭和十六年当時は陸軍省のある局の末端に位置する一将校であった。

「開戦前のことだが、昭和十六年十一月のころだったと思う。東條首相兼陸相に呼ばれてね、日米開戦は避けられないが新兵器の開発についで調べるようにいわれた。それはウラン爆弾のことでね、当時原子物理学者は大体がウラン爆弾ができることは知っていたけれどそれを現実のものとするのは無理だといわれていた。私はそのための密命を帯びて戦時下に日本でつくるよう命じられたことになる」

と前置きして、その経緯を細かく語り始めた。私もまだ知らないことで興味深かった。ドイツにウラン235（このウランに中性子を当てると核爆発を起こす）の提供を求めたり、日本中を235を求めてさがし回ったりという話であった。そうしたエピソードの結論は次のようなものだった。

「原爆は日本でも開発が進んでいた。ある機関でできる寸前になっていたんだ。これができると、日本はアメリカよりも早くに原爆投下ができたかもしれない。東條さんは、サイパンが落ちたころ、しきりにこの開発はどこまで進んでいるか聞きたがっていたんだ」

この軍人は時間をかけて自らが原子爆弾の開発を進めていたと説き、日本はその完成寸前の状態であったとくり返すのである。

この話を聞いて、しかもこの軍人が「これは君にだけ初めて話すのだが」という口上で話してくれたために、私はすっかり有頂天になってしまった。スクープに値する内容だったからである。私はこの内容は拙著のなかでも軍人東條の性格とその思想を語るのにもっともふさわしいと紹介しようと思ったほどである。

そこでこの話をさらに確かめるために関係者の話を聞いていった。

確かに日本にも原子爆弾の開発計画があった。陸軍は理化学研究所の仁科芳雄に委託する形で、海軍は京都帝大の荒勝(あらかつ)文策教授に一任する形で進められていた。陸軍は「ニ号研究」といい、海軍は「F号研究」と称していた。しかし軍部が性急に開発を進めるよう説得しても、現実には日本の国力ではこれはまったく無理であった。そのため仁科も荒勝も研究の段階にとどめていて、その開発は陸軍の技術将校を中心に初期的な段階で終わっていた。

私に証言してくれた軍人のいうような内容ではなかったのである。それどころかくわしく調べていけばいくほどこの軍人は「ニ号研究」にも「F号研究」についても知る立ち場ではなかったのである。つまりこの技術将校だった軍人は、戦後になって秘密情報だった話を聞き、そして東條に自らの業務を報告に行ったこともあるので、その点が混乱して自らがそうした任にあたっていたと「思いこんでしまった」のである。戦後、あの戦争に敗れたのは原子爆弾のためだったという話が流布していくうちに、自分がそれにかかわっていて途中で挫折したというストーリーをつくりあげていったのであった。

この軍人は私に虚言を弄しようとしたのではない。思い込みのなかからひとつのストーリーをつくってしまったのである。

このような証言者は少なくない。

昭和という時代を見つめる目の変化

よく「体験者の声を聞こう」とか「語り部として生きて」といった報道もされるし、あたかも体験者の証言を絶対視するかのような論調がみられる。とくに戦場体験者が少なくなっているときに、こうした声は運動と化すケースも少なくない。そのような運動に口を挟むつもりは毛頭ないのだが、何らかの検証能力ももたずに体験談を聞くだけでは小説のストーリーやドラマのあらすじをなぞっているだけになってしまう。

昭和史入門の入口に、体験者の話に耳を傾けるという姿勢を据えることはむろん大切なのだが、単に聞くだけでは充分ではない。昭和という時代のそれぞれの期がどのような政治システムになっていたか、指導者の思想や信条とはどのようなものであったか、そういう前提を抜きに体験談を聞いたとしてもそれは「宝のもちぐされ」でしかないと知るべきであろう。それを知らずに体験者に聞き書きを行ったとしてもそれでは昭和という時代のもつ真の姿を理解できないのではないかと思う。

昭和史というのはむろん昭和天皇の在位した期間をさしているわけだが、昭和天皇亡きあとの平成という時代にはいって、昭和という時代を見つめる目も少しずつ変わってきた。とくに重要なのは、昭和天皇を見る目が変化してきたことが挙げられる。それはどういうことかというと、昭和前期の第二期、第三期に昂揚した「天皇神格化」は今はほとんど消えてなくなったといっていい。宗教的、政治的な団体やその教えのなかにそういう見方があるが、しかし社会的な諒解事項にはなっていない。

このことを歴史的に俯瞰すれば、ある時代の教育や社会教化にもとづく価値観や歴史観は、一定の年数とともに消えていくということだ。

逆にいえば、一定の期間はそういう価値観や歴史観は相応の力をもっているという意味になる。

平成の時代にはいってまもないころは、昭和の延長という見方がされたが、しかし時間とともに――それは平成の天皇がもつ性格や存在の意味によってといっていいのだが――昭和の色は薄れていく。刻一刻と、昭和は遠くなりにけり、というのはやむを得ないことである。

「昭和天皇独白録」の「結論」

昭和天皇が崩御してから二年を経ずして、月刊「文藝春秋」誌上で「昭和天皇独白録」という昭和天皇の証言が紹介された。厳密にいえばこの独白録は、昭和二十一年三月から四月にかけて側近五人を相手に昭和前期のそれぞれの局面での自らの考えや意見を改めて語ったのだが、それを整理してまとめたものである。なぜこのときに天皇がこのような証言を行ったかは判断がわかれるところだが、昭和中期の第一期のテーマは、「天皇に戦争責任があるのか」「天皇は極東国際軍事裁判に被告として立つのか」という点にあったことはまちがいない。

この五人を相手にした証言も、極東国際軍事裁判での訴追を免れるため、あるいはＧＨＱ側に自らの戦争責任についての文書をのこすため、などさまざまの見方がされている。私自身は極東国際軍事裁判の検事団に提出するための口供書（こうきょうしょ）のようなものではなかったかと思う。もとより今もこのことについては明確に判断されてはいない。

しかしともかく、平成に入って昭和という時代を見つめるきっかけにこの証言はなったと思う。昭和天皇がこれほど明確に自らの意に沿う人物、沿わない人物を心中にもっていたというのは、国民にとって驚きだった。しかも太平洋戦争そのものにも批判的だったことがわかってきた。私はこの証言のなかで、昭和天皇が自らの臣下の者をそれほど信用していないことも知った。そしてこの証言のなかでもっとも重要なことは、すべての証言を終えたあとに、「結論」として書かれているその内容のなかにあると思う。

「結論」は六百六十字足らずだが、その末尾には次のようにあった。これは独白録の結論のなかの結論といってもいい内容であった。

「開戦当時に於る日本の将来の見通しは、斯くの如き有様であつたのだから、私が若し開戦の決定に対して『ベトー』（引用者注・否の意味）したとしよう。国内は必ず大混乱となり、私の信頼する周囲の者は殺され、私の生命も保証出来ない、それは良いとしても結局狂暴な戦争が展開され、今次の戦争に数倍する悲惨事が行はれ、果ては終戦も出来兼ねる始末となり、日本は亡びる事になつ〔た〕であらうと思ふ」

この結論は、平成に入って昭和を見つめるときの視点を大きく変えることになった。俗な言い方になるが、「革命的な変化」を生むことになったといってもいいのではないか。平成に入ってからの昭和史研究、昭和史の記述はこの結論以後は、ある枠組みが壊れたといっていい。昭和史をこれから学ぶ、あるいは昭和史についての理解を深めるときには、時代を動かした事件、事象、発言、それに思想や理念をまずは正しく見つめることが必要である。その伝でいうなら、平成二年十一月に発売された月刊「文藝春秋」十二月号のなかで初めて明かされた昭和天皇のこの証言を理解することが前提になるといっていいのである。

この結論は何を語っているだろうか。それを箇条書きにしてみると、以下のようになる。

㈠昭和天皇は開戦の決定に断固とした拒否の姿勢をとれなかった。

㈡もし開戦を拒否したら、国内は大騒乱になる。天皇は二・二六事件以来の騒乱を想定していて、その場合自分も殺されるだろうと考えていた。

㈢天皇が不在で行われる戦争だろうから、その戦争は統率もとれていない悲惨な戦争になっただろう。

(四)軍事指導者は終戦など考えていない。それゆえに、日本は滅亡のときまで戦うことになったであろう。

この四点を通して浮かびあがる光景は、きわめて簡単な図式である。つまり大日本帝国は天皇が統治権、統帥権をもつ主権者であったが、実際にはそれは形骸化していたことがわかる。天皇は自らを立憲君主制の枠の中にとじこめていたが、それがまったく機能せず、天皇がほとんど統治能力をもたぬ国家になっていたというのである。辛うじて天皇がもっていた権限によって、戦争の悲惨さに一定の歯止めがかかり、そしてまた終戦も可能であったということになる。

昭和前期の第二期、第三期は——とくに第三期は——この国は政治的には崩壊した状況にあったというのが昭和天皇の考えだったのである。

こうした天皇の証言が明るみにでることによって、昭和前期そのものの解剖の方法、さらに昭和天皇への見方などが変わっていった。具体的にいえば、昭和という時代がもっていた拘束のようなものがなくなった。つまり客観的に昭和史を語ることができるようになったといっていいであろう。

昭和天皇から明仁皇太子へのメッセージ

加えて平成の天皇の存在がある。

皇太子明仁親王は、昭和天皇の崩御のあとすぐに天皇の地位に就いた。第百二十五代の天皇である。そして元号も平成となった。奇妙な言い方になるが、明治、大正、昭和、平成と元号を並べてみると、視覚的には「平成」という字はなんとなくすわりが悪いように思える。その理由を考えていくと、明治のもつ響き、大正のもつニュアンス、そして昭和のもつイメージには、それぞれ固有のものがあるが、平成という天皇のもつ形がまだ明確ではないがゆえだと気づくのである。

しかし平成という時代は、時間が経つにつれ、しだいにイメージをつくりニュアンスを伴うようになった。それは昭和とはあまりにも違う響きをもっていた。まず平成の天皇は、軍服とははるかに遠い存在である。臣民教育の中でえがかれた神格化した存在は、自らが積極的に否定していることがわかる。

平成の天皇は、皇位継承にあたってきわめて平易な言葉で、「皆さんとともに日本国憲法を守り、これに従って責務を果たすことを誓い、国運の一層の進展と世界の平和、人類の福祉の増進を切に希望してやみません」と述べた。この即位後朝見の儀の挨拶は、日本のメディアには好評であった。昭和天皇が即位したときの文語体の「勅語」とはまったく一線を引いていたからである。

昭和天皇は国民の前に重量感をもって存在した。いってみればそれは硬軟の差はあれ、上下関係であるという前提があった。反して平成の天皇はどうであろうか。「国民の皆さん」と呼びかけるように話すことを見ても、むしろ国民とは横一線にいるとの感がしてくる。そのことは名実ともに「開かれた皇室」ということになるのであろう。前述のように、昭和天皇がその独白録の末尾で明かしたように、大日本帝国の政治システムが「閉ざされた空間」にあったことを思えば、いつかこのように「開かれた皇室」になることは当然の流れだったといえるのではないだろうか。

昭和天皇の独白録は、昭和二十一年三月から四月にかけて語られているのであって、昭和の終わりに語られた内容ではない。だが昭和という時代のなかでもっとも特異な時代であり続けた昭和前期が幕を閉じた直後に証言された内容であることを思えば、それはとりも直さず皇太子へのメッセージであったとの見方もできるのではないかと思う。

天皇家のバランス発想

平成という時代が進んでいき、そしてしだいにその時代の特徴が浮かんでくる段になって、私はあることに気づいた。むろんそれは私がそう気づいたのであって、一般的にそのように断定していいか否かは別である。私が気づいたこととは何か。それはまとめると以下のようになる。

〈近代日本の天皇の考え、そして行動をくわしく調べていくと、必ずそれぞれの天皇は先帝を否定する、あるいは距離を置く、いや変革するという特質をもっている。そうすることによって、天皇家のバランスをとるという遺伝的発想が各天皇にはもたされているのではないか〉

わかりやすくいうなら、明治天皇は孝明天皇の攘夷とは距離を置き、開国政策の側に立ちつづけている。孝明天皇の極端なまでの攘夷と距離を置くことによって、世界に開かれた天皇家を目ざしたのである。明治天皇の軍事主導体制は、大正天皇にとっては耐えることのできない政治システムであった。陸軍の特別大演習に赴くのを厭がったのは、白馬をスマートに乗りこなせないとの理由があったにせよ、軍事主導国家よりは「文」の国家でありたいと思っていたからであろう。父・明治天皇の「武」に抗しつづけた結果、晩年には体調を崩すほどになった。かわって昭和天皇は、昭和初期にはその大正天皇を否定する「武の政治」を採り失敗してしまった。昭和中期にはその責任をとり、昭和後期には主に父・大正天皇に通じる「文」の君主としての役目を果たした。

昭和天皇は父と祖父の教えを現実化しようとしたのである。

平成の天皇は、昭和前期の父・昭和天皇の行動規範やその理念には自省的であろうとしていることがわかってくる。ところが昭和中期・昭和後期の父・昭和天皇には一定の枠組で諒解していることがわかる。それどころか平成十七年六月に行ったサイパン島への慰霊をみても、昭和前期の日本の政治・軍事システムに自らも謝罪の意思を示していることが理解できるのではないか。

天皇は必ず先帝とは異なった生き方をする、あるいは先帝の言行を教訓としている、とみることは、つまりはそうした天皇の性格を反映して時代はつくられるということであり、時代はそれぞれ前の時代を克服する形で存在していることになる。明治は幕末を超えようとし、そして否定という目をもちながら存在している。その明治という時代は大正時代に超えられようとするも、つまりはそこに対立や葛藤を生んでいる。

昭和という時代は、大正時代の時代様相や現実を超えようとして一時的に超えたとしても、その後は結局同化したとの言い方ができるのではないだろうか。とするなら、六十二年と二週間の昭和は、他の元号の期間より長かったとはいえ——いや長かったからともいえるのだが——明治も大正もすべて包みこんでいたといえるかもしれない。それぞれの時代は前の時代を否定し、そして次の時代に生きのころうと、ある時代の空気や価値観と戦っていると見るべきだと思う。

平成という時代から見る光景は、こうした構図を確かめることによって、そこに〈歴史〉に生きのこる時代の骨格を見いだすことができるのではないか、と私には思えるのである。昭和を語り継ぐということは、こうした歴史の流れをつかんで押さえていかなければならないということである。このような流れをつかむことなしに昭和という時代の実相を見つめることはできない。

田中角栄の態度に驚いた昭和天皇

平成の時代に入って、昭和が消えていくと思わせる、いや実感させたのは昭和後期の第四期を動かしていた田中角栄が政治家を引退したことである。平成元年に彼は引退したのだが、それは昭和という時代の権力者のもつイメージが大きく変わることを意味していた。つまり田中は、昭和という時代に生きることのできる政治家ではあったが、平成に入ってはその政治力を持続させることができないと自覚したといってもよかった。そのようなことを国民に教えたのである。

昭和という時代には、三十二人の首相が生まれている。これまでに記したとおり、昭和前期は東條英機、昭和中期は吉田茂、そして昭和後期は田中角栄がそれぞれの期間を代表する首相だが、田中はこのなかでも昭和の国民の性格や思想を代弁する人物として語り継がれるはずである。その田中が平成元年に引退したのは、たぶん平成という時代に入ったら「今太閤」と評されるような立志伝中の人物は必要とされないことも示しているということだろう。

改めて〈田中角栄〉とは昭和史のどのような符号であったのかが問

われていくことになるはずだ。当然なことに、昭和という同時代のなかで見ることと平成という時代から少しずつ歴史的に入っていく段階とでは、その視点も異なってくるはずだ。

私は田中が昭和という時代の軸であった天皇とアメリカについて、とくべつの感情をもっていたとは思わない。昭和前期にあって、田中の世代は天皇に対しては「臣民」としての自覚、アメリカには「敵国」というイメージをもっている。昭和中期から後期にかけては、国民、そして市民へと変貌しているし、アメリカについては「勝利者」、そして「同盟国」へというイメージをもっている。これはこの国の政策がそのように変化したという意味でもある。

ところが田中自身はどうだったか。天皇に対して「臣民」としての感情をもった節はないし、かといって市民にもなっていない。つまり庶民のように個人主義的で唯物主義的なしたたかな性格をもつ人物として生きてきたといえるのである。そういう逞しさがこの人物の特色である。

その一例を挙げたい。昭和五十八年十月十二日に田中はロッキード事件で東京地裁の判決を受けた。その経緯については第四章で指摘したとおりである。このときに私は、あるメディアの依頼で、「昭和天皇と田中角栄」という稿を書くことになった。その折りに宮内庁の元幹部に長時間にわたって話を聞くことができた。田中は首相として天皇の前に上奏に赴いたとき、他の首相とは少々異なった態度をとったというエピソードを聞かされた。その元幹部の証言を以下に紹介する。

「陛下のもとには現職の首相や閣僚がご進講という名目で政務報告に訪れるときがある。憲法上の規定ではむろんない。そこでは、たとえば経済がうまくいっていますかと陛下が尋ねると、首相や閣僚たちはええうまくいっていますとか、今は少々景気がわるいのですがあと三カ月もすれば……という具合に大まかに答える。陛下は、それはよかったね、と短かく答えるわけです」

もし具体的に答えて、天皇が相槌を打ったらそれは賛成ということになるし、打たなかったら逆に反対していると受けとられかねない。憲法上の問題になる。そのやりとりはある意味では儀礼的といってもいい。元幹部の話を続けることにしたい。

「ところが田中さんは、経済はうまくいっていますか、と陛下が尋ねたときに、お得意の数字を次々に口にして自分の政策によっていかにこの国の経済がよくなっているか、とくとくと述べたということです。その間、陛下は驚いて田中さんを見つめていたそうです」

昭和天皇にすれば、田中という首相の態度は驚きであったろう。なぜならこうした報告にうなずけば田中の政策を肯定し、支持していることになる。ところがうなずかなければ反対ということになりかねない。それまで昭和天皇が会った首相というのは大体が官僚出身である。官僚であるならば、ポストがあがるたびにこうしたときの態度としてどのような態度が望ましいかなどは知っていくはずである。したがって天皇の前にでたときはどういう報告が望ましいかなど、すぐに理解したはずである。

庶民の代弁者としての田中角栄

ところが田中はそういう不文律をまったく知らなかったのだ。いや知っていても無視した節があった。この元幹部の表現を借りるなら、「陛下の目は驚きであふれていたであろう」という、その言い方はよく理解できる。

天皇は、この首相はもしかすると私を陥れようとしているのではないか、こういう内容を報告することによって私の賛意を得たかのように世間に公表するのではないか、と考えたにちがいない。私はこのときの天皇は、「これまでとは違う異形の首相ではないか。真に私の味方たりうるのか」という不安をもったようにも思うのだ。大仰な言い方になるが、この首相は無意識に私の立場を崩そうとしているのではないか、という恐れと不気味さを感じとったように思う。

天皇にとって、田中のこうした態度は、彼が国民の支持を得ている限りにおいては、国民の意思ともいえるわけである。天皇が抱いたであろう、その不安と不信は、あるいは相当に大きかったと思うが、この両者の関係にも昭和という時代の断面が凝縮している。くり返すことになるが、田中は昭和という時代のエスタブリッシュメントに恐怖感を与えたと思うが、そのことを天皇は知ったのではなかったろうか。

田中は抽象的に存在するものを認めない。神仏とか自由とか、あるいは「絶対的正義」なるものを指しているといっていいのだが、そのようなものに価値を認めない。手でさわって確認できる事物、そして自らの生を実感できる現実、そのようなものしか信用しない。即物的なことしか信用しないのだ。そういう体質をもつ日本の庶民の代弁者として、田中が存在したことを私たちは知る必要がある。

その田中が内閣を組織したときは、当時、戦後最高の支持率を誇ったが、金脈問題で批判を浴びたあとは、まさに奈落の底にまで落ちこんだ。国民は――つまり田中と同質の国民は――その醜悪さに気づいたからこそそのような結果となったといっていいのではないかと思う。

昭和という時代がつくりだした首相の、その政治家としての生命力が昭和とともに終焉を迎えたところに、歴史そのものが意思をもっているといいたくなるのである。

昭和の終わりとソ連の崩壊

平成にはいってから昭和を見たときに、もうひとつ別な感慨が生まれる現実がある。

それはソ連の社会主義体制が崩壊したことである。まさに一九九〇年、九一年という時期にこの体制は崩壊していくわけだが、昭和という時代の終焉と同時であるという点に興味がもたれるのだ。ソ連崩壊とは、一九九一年十二月二十五日にゴルバチョフ大統領が辞任し、そしてソ連という社会主義体制を象徴する管理機構に組みこまれていた各共和国が独立を果たし、自動的にソ連という国家が消滅したことを指している。この崩壊は、二十世紀に生きた誰もが信じられないこととして、歴史上に記録される出来事である。

二十世紀を象徴する事件とみるならば、いささか皮肉に「二十世紀の矛盾は二十世紀に解決する」との歴史的意思があったように思うほどだ。

ソ連は一九一七年にレーニンによるボルシェビキ革命が成功し、それ以後にソ連共産党による一党独裁国家をつくりあげてきた。この独裁国家は現実には二十世紀初めに存在した君主制国家の独裁体制と変わらなかったのだが、ただマルクスの説く資本主義社会の矛盾を克服して人類史が人為的につくりあげていく階級のない社会としての建前をもっていた。君主制国家並みの独裁体制の表面を飾る理論は先駆性があるように見られていたのである。

ソ連の社会主義体制が崩壊するのは、一九八五年三月にソ連共産党書記長に就任したゴルバチョフが、それまでソ連社会ではタブーとされていた民主化に手をつけたからである。そうせざるを得ないほど国民の不満は高まっていたともいえるが、このペレストロイカ（改革）とともに、それまですべてが秘密であった指導部についても情報公開を行わなければならなくなった。この情報公開をグラスノスチというのだが、ふたつの柱がソ連の社会そのものを大きく変えていくことになった。このふたつが革命にかかわるキーワードになったかのようだった。

昭和中期の日本占領にあたって、アメリカを中心とする連合国が民主化と非軍事化のキーワードでまずは旧体制の一掃を図ったが、それと同じような形での旧体制を変えていく政治政策だったといえるであろう。

加えてソ連は、冷戦体制でアメリカが挑んできた軍拡競争による国家財政の破綻に直面し、さらにはソ連に組みこまれている各共和国の不満が高まりソ連の衛星国であった東欧諸国に自由化や民主化の動きが広まっていき、外交政策そのものがしだいに崩壊していった。一九八九年八月のハンガリーの西側陣営への大量移住にはじまり、この年十一月にはベルリンの壁が崩壊して、ソ連の解体は加速度的に進んだ。

ソ連でも共産党政権は崩壊していったが、その間いちど（一九九一年八月）、共産党の党官僚をはじめとする指導部によるクーデターがあった。これが失敗して実質的にソ連からは共産主義政権は消えていった。そしてロシア共和国を指導者とする独立国家共同体（ＣＩ

S）が創設されて、ソ連邦という社会主義体制の地理的空間をあらわすこの語は意味をもたなくなった。これらの国はいずれも市場経済にふみきり、二十世紀に登場した計画経済、階級独裁という社会主義体制はあっけなく実態を失った。

私は一九九〇年十一月七日のソ連の革命記念日のころに、社会主義体制が崩壊する現実を確かめようとモスクワに滞在していた。十日間ほど滞在したのであるが、そのときにモスクワの市民と語らい、あるいは党の中堅幹部の自宅での生活を見るなどして、この体制が解体するのも当然だとの思いをもった。モスクワのある行政官庁に身を置いているエリートでさえも、「われわれの国は人がいいから七十年も騙されていた。レーニンなんて悪魔だ」と罵っていたのが印象的でもあった。共産党の指導に馴れきっている人たちには、自立の意思がないことにも驚いた。自らで考えるという姿勢がないのである。

労働者の国、階級のない国、差別のない国、福祉の充実した国、そういう語が日本でも語られてきた。昭和という時代は、昭和前期において社会主義・共産主義は弾圧され、昭和中期においてはその第一期には輝ける思想であるかのように語られたが、第二期ではまた弾圧に近い状態に置かれた。そして昭和後期は、東西冷戦のもとその社会主義陣営を代弁し、日本に社会主義国家を建設すべきだとの勢力がつねに議会では三分の一近くの議席を誇示していた。昭和史にあって、社会主義は輝ける思想であったり、幻想の国家であったり、あるいは自由のない独裁国家であったりと、とにかく各様の形で語られてきた。

昭和史のなかにおける社会主義の位置づけ

昭和史は一面で、国としても社会主義のソ連との距離をどのように保っていくかが問われたし、つまりは明確な態度をとることかできないまま終焉したといってもよかった。

平成にはいってまもなく社会主義体制が崩壊したことを思えば、昭和史のなかにおける社会主義の位置づけは改めて冷静に分析されるべきであった。昭和史にあっては、先駆的であり、予言的であり、なにより人間的であると社会主義を賛えた人々の論はあきらかに誤謬そのものだったということになる。つまり昭和史においての社会主義者とその言は、歴史的に採点される宿命から逃れることはできないことを意味している。このことについては、今後の昭和史研究の重要な柱になっていくであろう。

〈昭和という時代にあって、なぜあれほど社会主義を正しいと信じ、ソ連を人類史が到達する理想社会とみなしたのだろう〉

この設問が大きな意味をもつということでもある。

私の感じている一例を以下に書いておきたいと思う。このことは以前にもある稿で書いたのだが、昭和五十五年に、のちに社会党委員長になる石橋政嗣が著した『非武装中立論』を挙げておきたい。この書はベストセラーにもなっている。東西冷戦下で中立論者ないし社会主義陣営に与すべしとの論者の間では教典のように読まれたということにもなろう。石橋は典型的なソ連の社会主義礼賛者であったが、文中に次のような表現がある。

「いつの日にか必ず中ソが手をとり合う時期が来るということになります。何年のちかは分りません。現在は両国の社会主義建設の発展段階があまりにも違いすぎ、生活水準も違いすぎるのです。これが接近してくれば、相互の矛盾が解消し、和解が成立するのではないでしょうか。アメリカや日本の独占がいちばん恐れているのは、実は、このケースではないかと思います。

中ソが和解するということは、世界中の社会主義国が一つになるということです。これが日本にとってどんなに大きな意味をもっているか、何の説明もいらないのではないでしょうか。日本の支配階級がいちばん恐れているのはその時じゃないかと思います」

この書は全編このような認識で埋まっている。これが最大野党の指導者の言だったのだから、昭和という時代における社会主義勢力の声はきわめて影響力があったといってもいいはずである。昭和五十五年というのは、私の時代区分では昭和後期の第三期である。田中角栄による権力の二重構造ができあがっていた時代である。この二重構造の一方の極でこのような認識が説かれていたのである。

歴史の後知恵でいうわけではないが、石橋のこの言は、ソ連の社会主義が歴史上から消える十年ほど前である。それなのにこのような認識をもつというのは、現実を見抜く力そのものが欠如しているということであろう。昭和前期の天皇制国家の天皇神格化を疑わず、皇国の理念を少しも疑わずに受けいれていた心理構造と同様だったといえるのではないか。

昭和という時代を考えるとき、二十世紀の人類史の上に登場し七十年余にわたってロシアにソ連という社会主義体制を歴史に刻んだという事実が有形無形に時代の中に織りこまれている。そのことを正確に語り、そして昭和史に社会主義の果たした役割とそのマイナスを整理しておくのは、新たに昭和史研究や昭和史探求にのりだす人たちの宿題ということができる。

私は、昭和後期は、たとえば憲法をとりあげてみてもそれが自衛隊の存在をみればわかるとおり、理念と現実の間に乖離をきたしていると思う。その乖離のなかに、矛盾の肥大という歪みがあり、それが同時代史だけでなく歴史的にも人倫の退廃を生んだと思う。憲法を改正し、憲法を現実に即するようにすべきだとの論は一見正当なように見えるが、これは既成事実をつくりそれに憲法を合わせるようにという論と同質である。

ありていにいって昭和前期と同じ図式である。

人は過去を無視して生きることはできない

ではどうするか。昭和という時代がのこした最大の問題はそこにある。このためにどのような方法があるか、を私たちは問うていかなければならない。私は、昭和中期の功はそのまま昭和前期の罪過を手直しするものであったとして、その第一期の民主化と非軍事化を支持するのだが、しかし第二期の政策を本来ならいちど講和条約の発効時に問うべきだったように思う。そのことを怠ったために問題は常に先送りされてきたといっていい。

すでに当該の世代は変わってきているが、おそまきながら、国民投票などによりなんらかの形で昭和中期の政策について自己点検する必要があるのではないか。さしあたりそれが望ましいというべきであろう。昭和を語り継ぐという姿勢が明確であるならば、そのような国民投票がどのような結果を生んだにしろ、歴史的には納得しなければならないのではないか。

私がこの章のタイトルに「昭和を語り継ぐ精神」をあてたのは、このことにこだわりをもっているからである。昭和史は語り継がれなければならない。なぜならここには私たちの国の国民性や国民的発想、それに私たち個人の強さや弱さもすべてかかえこんでいるからである。次の世代の人たちへも、昭和という時代を自覚して生きた人々は語っていく責任と義務がある。そしてその責任と義務には精神も伴っているといいたいのだ。

私たちはなぜ昭和史に関心をもたなければならないのか。いやもっと平易に、なぜ過去を見つめなければならないか。つまるところはこの問いに出会うのだ。

もとよりその答は多様に分かれるが、あえてひとつの答を求めれば、それは次のようなことだと気づく。

〈人は過去を無視して生きることはできない〉

もうすこしかみくだいていうなら、人は自らの父母や祖父がどのような時代にどのように生きたかを確認し、そして自らの生き方を固めていき、それを次代の児孫に語り継ぐという精神を抜きに生きることはできないということだ。自らの存在を確かめることなしに生きていくことはできない。とくに昭和という時代にあっては、父母や祖父母の生きた姿のなかから何ごとかを学びとらなければ悔いをのこすと私はいいたいのである。

人間は悠久の時間とその中に位置する自らの時間に思いを馳せる。くどい表現になるが、自分はどこからきてどこへ行くのかという問いは、近代の人間に共通する問題意識であった。岩村忍の『歴史とは何か』(一九七二年刊)という書は私の愛読書でもあるが、岩村はこの自問を問いつめていくと、「その解答を未来に求めれば、宗教や哲学になり、過去に求めれば歴史になる」と指摘している。これこそよく納得できる答ではないか。

岩村はそのうえで「人間にとって歴史とは過去の投影としての自分自身を知ろうとする試みである」と断じている。私たちが昭和史に関心をもつのは、つまるところ自分自身のなかに過去がどのように投影しているかを確かめたいからにほかならない。その「確かめる心理」こそ歴史家の出発点であり到達点なのである。

職業的な歴史家であることは必要ではないが、職業としない歴史家とはつまりは庶民の素朴な姿である。昭和史を語り継ぐというのはまぎれもなく庶民の姿をそのまま顕わにしながら、昭和という時代に生を受けた自分を語っていくことだともいえるように思う。前述した一・一・八の法則に倣えば、庶民の姿とは八のなかにくくられるのだが、それでも禁欲的に謙虚に自らを語る「一」に近づこうと努力すべきであろう。

昭和史を語ることは、そして他者が語ることを聞くのは、それぞれの人の生きているその時間に重い意味を与えている、と私はいつも考えている。

あとがき（結語にかえて）

講演時にしばしば受ける質問に、太平洋戦争についてどのような書を読めば理解できるのか、二・二六事件についてはどうか、という類のことがある。私も昭和史について書かれた書のすべてを読んでいるわけではないし、そのすべてに通じているわけではない。そのことを前提に記していくのだが、昭和史を理解するために必ず読まなければならない基礎文献がある（その文献については巻末に私なりの視点で選んだ書を列記しておいた）。

その文献に類する書を読まずに昭和史を語っていくと、とんでもない誤解をするだけでなく、理解そのものが歪んでしまうこともありうる。その歪みのうえにどのような書を読み重ねても昭和史そのものを正確に見つめることはできない。

ある講演会で太平洋戦争の開戦に至る経緯について話したあとで、質問を受けたときに二十代の青年が起ちあがって、「日本の真珠湾奇襲攻撃をすでにルーズベルトは知っていた。意識的に日本に叩かせるように政策を進めたと思う。この点についてどうお考えですか」と質問されたことがある。一般の市民講座ともいうべき会場である。この青年は真珠湾攻撃について、不幸なことにある書を読んでそこから真珠湾攻撃を理解していることがわかる。

具体的にいえば、G・モーゲンスターンの邦題『真珠湾　日米開戦の真相とルーズベルトの責任』という書である。この書は一九四七年にアメリカで刊行されベストセラーになった書である。日本では平成十一年に訳されて読まれている。モーゲンスターンのこの書は、一九四一年十二月七日（アメリカ時間）に真珠湾が日本軍に奇襲攻撃されたあと、アメリカではルーズベルト大統領の指示で調査委員会（ロバーツ委員会）ができるが、その報告を契機としての各種資料を用いて書かれている。ではロバーツ委員会とはどのような役割を果たしたのか。

昭和十七年十二月に来栖（くるす）三郎（日米交渉の最終段階で特命全権大使

としてアメリカにわたる）により、『大東亜戦争の発火点　日米交渉の経緯』という書が刊行されている。これに附録として、「ロバーツ報告書」が添付されている。ロバーツ委員会とは、大審院判事のオーエン・J・ロバーツを委員長として、なぜアメリカは日本にこのような奇襲攻撃を許したのか、この責任は誰にあるのかを調査するためにつくられた委員会で、短期間で調査してまとめたが、その全文は、昭和十七年一月二十五日付の「ニューヨーク・タイムズ」に掲載された。それが日本でも訳されてこのころにすでに知られていたのである。

この報告書はキンメル太平洋艦隊司令長官とショート・ハワイ軍管区司令官の二人に責任を負わせる内容であった。この調査そのものはルーズベルトの責任回避を企図していて、露骨に現地の二人の司令官に責任を押しつけている点に特徴があった。

その後、キンメルとショートは太平洋戦争下で軍法会議の開催を求めた。ルーズベルト大統領が事前に日本軍が攻撃してくるのを知っていて、それを現地に伝えなかったことを問題にしたかったのである。軍法会議は開かれず、陸海軍とも査問委員会が開かれるなどするのだが、結論はうやむやになる。そして議会でも上院下院合同調査委員会がつくられて調査されている。この間の経緯は省くが、前述の書ではロバーツ報告書について、次のように述べている。

「米国は日米交渉の当初から、太平洋戦争の不可避を決意し、交渉の傍ら刻々陸海軍当局に戦備を急がせてゐたのみか、日米交渉開始の百日前、一九四一年一月廿四日すでに海相ノックスより陸相スティムソン宛の日米戦争準備の公文書が発せられてゐたのである。しかもこの驚くべき事実が、米国政府の指令によって組織されたるハワイ敗戦真相調査団の大審院判事ロバーツの報告書が告白してゐるのである」

こうして日本の真珠湾奇襲攻撃による敗北を正当化するのに必死だったというのである。モーゲンスターンの書は、こうしたアメリカ政府の内実をさぐったものだが、このような書を入口に据えて読む人はありていにいって、昭和十年代の日本の国策がいかに正しかったと弁じるのに忙しく、史実を客観的に検証する姿勢をもちあわせているとはとうていいえない。

このような例はまだ幾つもある。東京裁判を理解するのに、最初にパル判事の判決文に関する書を読んで「パルは日本を無罪といった」

と鬼の首をとったようにさわぎたてるのもこの類である。パル判決書は膨大な書で、そこでは確かにイギリスを中心にした西欧帝国主義のアジア侵略を批判している。だがその判決は日本の昭和前期の行動を無罪だといって容認してはいない。都合のいいところをとって、日本無罪論を提唱するに至っては、あまりにも御都合主義である。こうした浅薄な書は、大体が、ハル・ノートをつきつけられればルクセンブルクのような小国でも起ちあがるだろうという一節や、この判決文の末尾にある人類史上で理性をもとにこの裁判を見つめなおすときがくるだろうとの意を含む一節を引用しているので、すぐに報告書を真摯に検証していないなということがわかるのだ。

前述のような質問をする青年には、私は「あなたは若い。そうした書を読む前にもっと初めに読む入門書や基礎文献がある。そちらを読みなさい」と勧めるにとどめる。高齢者の質問者には「そういう見方もありますね。私はその立ち場ではありませんが……」と答えるだけにしている。こういう高齢者やすでに考えの枠組みが固まっている人とは、謙虚に史実については話し合えないことに私は気づいているからである。

昭和史を理解していくという言い方や昭和史を語り継ぐという言い方を私はなんどもくり返しているが、それは政治や思想のツール（道具）として史実を利用しろということではない。これは断言できるが、史実をツールに使っている昭和史論は、ある時代の、ある状況下で、相応の役割を果たすことは間違いないが、それが歴史的普遍性をもつということにはならない。自らが理解したことをあるがままに語り、そして史実を史実として〈歴史〉に返すという姿勢をもつことこそ、なによりも重要ではないだろうか。

くり返すことになるが、昭和史を学ぶ、あるいは知ろうとするとき、そのスタートに立って思うことは、昭和の史実をツールに用いないという覚悟、そして史実を通じて私たちの父母の世代、祖父母の世代がどのようにして生きたか、それを確かめて次の世代に伝えていくという姿勢である。その姿勢をもとにして精神がつくられていくはずなのである。

入門書や基礎文献で着実に〈昭和史〉という時間と空間に入っていく。あるいはそれは旅に例えられるかもしれない。私の記憶では、大正九年か十年ごろの「白樺」に作家の武者小路実篤が小品を発表している。ある旅人がある国に迷いこむ。その国ではきれいとか美しいとか正しいといった表現は用いてはならないとあり、貧しいとか汚ない、みにくいとか、とにかく雑言に類するような表現しか用いてはならないというのだ。

その旅人はなんとかそういう表現でこの国を通り抜けようとするが、最後に「きれいな言葉」を使ってしまうのだ。処刑されるか。そのとき主人公は夢から目が醒めたというストーリーだったように思う。

私はこの小品が気にいっている。武者小路は当時人道主義の作家であったが、なぜこれを書いたのか。容易に想像はつく。当時日本に入ってきたばかりの共産主義思想を皮肉ったのか、あるいは権力の弾圧を嗤(わら)っているのか、それとも折りから起こっていた第一次大戦後の成金たちによる世相を諷刺したのか、それとも白樺派に属する文化人たちは現実社会とこのような形で妥協していこうとしたのか、そのいずれかだろうと、私は考えている。

だがこの小品を昭和史入門の入口に立ったときに、思いだしてみたらどうだろうか。言葉は史実である。きれいにも、下品にも用いることができる。社会はその言葉に圧力をかけたり、揶揄してきたりする。それはつまりは言葉をツールにしようとの圧力でもあるということだ。そういう圧力や動きとは一線を引きながら、史実を史実として語り継ぐという姿勢と精神を守って昭和史と謙虚に向きあっていこうではないか。

本書は文春新書編集長の細井秀雄氏との日ごろの対話のなかから生まれた。私はこうした書を書きたいと思っていたので、細井氏との約束を果たそうと思いつつ、時日は約束よりもはるかに遅れることになった。その間、細井氏の励ましには助けられることが多かった。改めて心から御礼を言いたい。また私も高齢といわれる年齢になってきたのだが、家人の助力が大きいことも実感している。多くの人たちの励ましにも支えられての日々であることを記して謝意を表したい。

平成十九（二〇〇七）年二月

保阪正康

〈付〉「昭和史入門」のための読書案内

昭和史に関する書は万余に及ぶとみられるが、ここでは昭和という時代を理解するための基礎文献を挙げておく。したがって専門的な書や学術書、あるいは特定の思想や信条にもとづいての書は省き、昭和という時代の全体図、あるいはそれぞれの時期の社会的、歴史的事件や事象を客観的に、かつ平易に書いている書を選んでいる。ほかに目を通すべき自伝・日記なども加えている。（＊印は、現在、店頭での入手がしづらいもの。）

なお、いずれも本書の著者（保阪正康）が本書の記述に沿って選んだ。（順不同）

〈昭和史〉

『昭和史（1926―1945）』『昭和史　戦後篇（1945―1989）』（半藤一利・平凡社　二〇〇四年、二〇〇六年）

▽昭和史全体の流れが平易な語り口で説明されている入門書である。

『昭和史がわかる55のポイント』（保阪正康・PHP文庫　二〇〇一年）

▽昭和史の重要な事件、事象について初心者向けに解説している。

『現代史の争点』（秦郁彦・文藝春秋　一九九八年、現在は文春文庫）

▽昭和史の事件、事象についての各様の見方が語られている。

『昭和の歴史4』（江口圭一・小学館　一九九四年、現在は小学館文庫）

▽このシリーズは、昭和という時代の流れを理解するのに役立つ。第四巻は、「十五年戦争の開幕」で、批判的記述ではあるが、こうした理解から出発しつつ、史実を確かめるべきであろう。

『昭和史Ⅰ・Ⅱ』（中村隆英・東洋経済新報社　一九九三年）

▽昭和が終わったあとに書かれた本格的な書として読まれるべきである。

〈太平洋戦争〉

『太平洋戦争（上下）』（児島襄・中公新書　一九六五〜六六年、現在は中公文庫）

▽太平洋戦争全体の流れが理解できる。平易で読みやすく最初に読むべき書。

『あの戦争は何だったのか』（保阪正康・新潮新書　二〇〇五年）

▽俗説、巷説を排しての史実にもとづく理解を訴えている。

『失敗の本質』（戸部良一ほか・ダイヤモンド社　一九八四年、現在は中公文庫）

▽主要な戦闘をとりあげ、日本軍の体質や戦略の曖昧さを指摘している。

『作戦日誌で綴る大東亜戦争』（井本熊男・芙蓉書房　一九七九年）

▽作戦参謀が自省に満ちた思いで自らのかかわった作戦について報告している。

＊**『太平洋戦争六大決戦』**（秦郁彦・読売新聞社　一九七六年、のちに中公文庫）

▽主要な戦闘をとりあげ彼我の作戦を分析している。

『太平洋戦争の歴史』（黒羽清隆・講談社現代新書　一九八五年、現在は講談社学術文庫）

▽太平洋戦争そのものを史実で語ろうと意図した書。ある世代の思いがこもっている。

『軍国日本の興亡』（猪木正道・中公新書　一九九五年）

▽正確には、太平洋戦争の開戦に至るまでの軍事主義体制のプロセス

を理解するための書である。

『ドキュメント太平洋戦争への道』（半藤一利・PHP文庫　一九九九年）

▽開戦に至るまでの日本の歩んだ道を批判的に問い直す。

『戦藻録』（宇垣纏・日本出版協同　一九五二年、現在は原書房）

▽海軍の現場で戦った高級軍人の戦闘日記であり、貴重な視点、史実の裏側などが書かれていて歴史にのこる書である。

〈敗戦〉

＊**『日本終戦史（全3巻）』**（林茂等編・読売新聞社　一九六二年）

▽終戦に至る日本の状況を多面的に検証している。

『日本のいちばん長い日』（大宅壮一編・文藝春秋新社　一九六五年、現在は文春文庫［半藤一利著］）

▽昭和二十年八月十五日前後を関係者の証言によってえがきだすノンフィクション。

＊**『敗戦前後の日本人』**（保阪正康・朝日文庫　一九八九年）

▽敗戦前後の日本人の表情を見つめることで戦争の実態をさぐろうと試みた書。

〈占領期〉

＊**『敗者の戦後』**（入江隆則・中公叢書　一九八九年、のちに徳間文庫）

▽日本の占領期に何を得て何を失ったかが書かれている。

『占領秘録』（住本利男・毎日新聞社　一九六五年、現在は中公文庫）

▽占領の実態を明かす具体的な史実が紹介されている。

＊**『マッカーサーの日本』**（週刊新潮編集部編・新潮社　一九七〇年、のちに新潮文庫）

▽占領期の内幕が多数の証言で明かされている。

＊**『ＧＨＱ』**（竹前栄治・岩波新書　一九八三年）

▽ＧＨＱの組織図とそれぞれの役割が解説されている。占領期を理解する基本的な書である。

『マッカーサーの二千日』（袖井林二郎・中央公論社　一九七四年、現在は中公文庫）

▽マッカーサーの日本での統治が客観的にえがかれている。

〈昭和天皇〉

『昭和天皇独白録』（寺崎英成著、M・テラサキ・ミラー編・文藝春秋　一九九一年、現在は文春文庫）

▽昭和天皇の直話をまとめている書で、その本意が伝わってくる。

『昭和天皇の終戦史』（吉田裕・岩波新書　一九九三年）

▽終戦時の昭和天皇の動きを見ることで戦争の期間の天皇像をえがく。

『象徴天皇』（高橋紘・岩波新書　一九八七年）

▽現人神から象徴に変わっていくそのプロセスと戦後の天皇像について説明している。

『聖断』（半藤一利・文藝春秋　一九八五年、現在はPHP文庫）
▽敗戦時の天皇と鈴木貫太郎内閣の連携による決断をわかりやすく説明している。
＊**『天皇ヒロヒト』**（レナード・モズレー著、高田市太郎訳・毎日新聞社　一九六六年、のちに角川文庫）
▽人間天皇の史実を関係者多数を取材することによってえがいている。外国人の目による戦後初の伝記である。
＊**『天皇と戦争責任』**（児島襄・文藝春秋　一九八八年、のちに文春文庫）
▽天皇の戦争責任を実体的に考察しようと試みた書で、わかりやすく書かれている。

『侍従長の回想』（藤田尚徳・講談社　一九六一年、現在は中公文庫）

▽昭和十九年から敗戦後までの日々の生活が窺え貴重な回想録である。

『侍従長の遺言――昭和天皇との50年』（徳川義寛、岩井克己・朝日新聞社　一九九七年）

▽昭和天皇の日常を元侍従長が皇室記者に語った内容がまとめられている。

『昭和天皇』（保阪正康・中央公論新社　二〇〇五年）

▽昭和天皇の一生を編年体でわかりやすく書いている。

＊**『ある侍従の回想記』**（岡部長章・朝日ソノラマ　一九九〇年）

▽昭和十年代に天皇に仕えた側近が戦時下の苦悩を伝えている。

＊**『天皇とともに五十年』**（藤樫準二・毎日新聞社　一九七七年）

▽宮内記者として天皇を見つめた目で率直に語られている。

〈二・二六事件〉

『二・二六事件』（高橋正衛・中公新書　一九九四年）

▽この事件の全体図とそこにいきつくまでの軍内事情がわかる入門書である。

＊**『二・二六事件――獄中手記・遺書』**（河野司編・河出書房新社　一九七二年）

▽獄中の青年将校の手記、遺書などをとおして事件の全体図が理解できる。

＊**『昭和史の原点4　天皇と二・二六事件』**（中野雅夫・講談社

一九七五年）

▽木戸幸一を初めとして関係者を取材して書かれているので、事件の描写が細部にわたっている。

＊**『二・二六事件（全三巻）』**（松本清張・文藝春秋　一九八六年）

▽新資料と証言、それに著者の独自の分析が加わって事件の背景も浮かびあがる。重要な基礎的文献。

『盗聴　二・二六事件』（中田整一・文藝春秋　二〇〇七年）

▽事件の背後にある謀略を通じて、この事件の不透明な部分にメスをいれている。

＊**『私の昭和史』**（末松太平・みすず書房　一九六三年）

▽事件に加われなかった将校が、同志である青年将校の運動を証言す

る。

＊**『二・二六事件への挽歌』**（大蔵栄一・読売新聞社　一九七一年）

▽青年将校の同志だった将校が東京にいなかったため参加しなかった。その視点で書かれている。

〈特攻作戦〉

＊**『神風特別攻撃隊』**（猪口力平、中島正・河出書房　一九六七年）

▽特攻隊員を見送った側の士官が書いた戦後初めての書。

『きけ　わだつみのこえ』（日本戦殁学生手記編集委員会編・東大協同組合出版部　一九四九年、現在は岩波文庫）

▽学徒兵の遺稿のなかには特攻隊員の手記も数多くまじっている。

『ああ同期の桜——かえらざる青春の手記』（海軍飛行予備学生第十四期会編・毎日新聞社　一九六六年、現在は光人社）

▽戦没学徒の遺言は海軍のヒエラルヒーのもとで犠牲になったとの読み方もできる。

『特攻』（森本忠夫・文藝春秋　一九九二年、現在は光人社NF文庫）

▽特攻世代が戦時指導者へ心中の怒りを抑えつつ書いた墓碑銘である。

『「特攻」と日本人』（保阪正康・講談社現代新書　二〇〇五年）

▽英雄でも犬死にでもない、強いられた「死」の残酷さを問うた書である。

『敷島隊の五人』（森史朗・光人社　一九八七年、現在は文春文庫）

▽特攻作戦最初の隊員の素顔とその内容を克明に追いその悲劇を伝え

ている。

『あゝ祖国よ恋人よ』（上原良司著、中島博昭編・昭和出版　一九八五年、現在は信濃毎日新聞社）

▽特攻作戦で逝った学徒兵の遺稿をまとめている。自由主義者の遺書ともいえる。

＊**『人間魚雷回天』**（神津直次・図書出版社　一九八九年、のちに朝日ソノラマ）

▽回天に乗ることになっていた特攻隊員の回想記。終戦前後の指導者への怒りがよくわかる。

＊**『わだつみのこえ消えることなく』**（和田稔・筑摩書房　一九六七年、のちに角川文庫）

▽回天の特攻隊員で訓練中に死亡した学徒の遺稿。静かに当時の日本を告発している。

〈原子爆弾投下〉

『原爆の子』（長田新編・岩波書店　一九五一年、現在は岩波文庫）

▽ヒロシマで被爆した子供たちの手記には戦争の理不尽さが訴えられている。

『原爆体験記』（広島市原爆体験記刊行会編・朝日新聞社　一九六五年、現在は朝日選書）

▽被爆者の手記から汲みとれる戦争指導者への怒りは理解され語り継がれるべきである。

＊『**原爆はなぜ投下されたか――日本降伏をめぐる戦略と外交**』（西島有厚・青木書店　一九六八年）

▽原爆が投下されるまでの戦時外交を検証して教訓を汲みとる。この種の研究の先駆けである。

＊『**原爆の落ちた日**』（戦史研究会編・文藝春秋　一九七二年）

▽昭和二十年八月六日を克明にえがくことで原爆被害の実態を説明している。

〈極東国際軍事裁判〉

『**東京裁判（上下）**』（児島襄・中公新書　一九七一年、現在は中公文庫）

▽二年八カ月の全体像がえがかれている。最初に読むべき書である。

『東京裁判（上下）』（朝日新聞東京裁判記者団・講談社　一九八三年、現在は朝日文庫）

▽新聞記者の目で法廷の模様がえがかれていて、研究書とは異なった見方や史実が示されている。

『東京裁判への道（上下）』（粟屋憲太郎・講談社　二〇〇六年）

▽A級戦犯の選定など新資料を用いてえがかれているので読むべき書である。

『東京裁判から戦後責任の思想へ』（大沼保昭・有信堂高文社　一九八五年、現在は東信堂）

▽東京裁判で問われた「責任」は、裁いた側の戦後とどのような関係

をもつのかを説く。

＊**『東京裁判』**（Ａ・Ｃ・ブラックマン著、日暮吉延訳・時事通信社　一九九一年）

▽法廷を取材したＵＰＩ記者がその後も取材を続けて著した書。外国人の日での法廷観がわかる。

『「文明の裁き」をこえて』（牛村圭・中公叢書　二〇〇一年）

▽法廷の背景にある西欧文明と日本とのかかわりを見つめる。新しい世代の書として目を通す必要がある。

〈軍人・軍隊〉

＊**『軍国太平記』**（高宮太平・酣灯社　一九五一年）

▽陸軍省詰め記者の見た昭和陸軍論。内部の人間模様もわかる。

＊**『情報なき戦争指導』**（杉田一次・原書房　一九八七年）

▽情報参謀が自省まじりに書いた太平洋戦争の総括の書。

『大本営参謀の情報戦記』（堀栄三・文藝春秋　一九八九年、現在は文春文庫）

▽日本のマッカーサーといわれた情報分析のプロの目から見た歪んだ戦争の内実をえぐる。

＊**『四人の軍令部総長』**（吉田俊雄・文藝春秋　一九八八年、のちに文春文庫）

▽旧海軍の士官が、戦争をになった軍令の責任者の実像をえがいた。

『関東軍』（島田俊彦・中公新書　一九六五年、現在は講談社学術文

庫）

▽関東軍の歴史やその動きについての基礎的なことが理解できる。

『昭和の軍閥』（高橋正衛・中公新書　一九六九年、現在は講談社学術文庫）

▽初心者向けに陸軍内部の組織から人事、そしてその思想までを解説している良書。

『昭和陸軍の研究（上下）』（保阪正康・朝日新聞社　一九九九年、現在は朝日文庫）

▽昭和陸軍を将校、兵士の証言によって浮かびあがらせる。

『海軍と日本』（池田清・中公新書　一九八一年）

▽海軍省詰め記者の現実的な目でその内部がレポートされている。

〈日中戦争〉

『日中戦争』（臼井勝美・中公新書　一九六七年）

▽日中戦争の全体図を俯瞰するのに役立つ。

『満州事変』（臼井勝美・中公新書　一九七四年）

▽満州事変に至る日本の国策と満州の歴史についての全体像をつかむのに便利である。

〈評伝〉

＊**『鈴木貫太郎伝』**（鈴木貫太郎伝記編纂委員会　一九六〇年）

▽鈴木貫太郎の全容をつかむことができる。

『山本五十六』（阿川弘之・新潮社　一九六九年、現在は新潮文庫）

▽山本五十六の本格的な評伝で、山本の軌跡を通して日本海軍の姿も浮かび上がってくる。

＊**『石原莞爾』**（高木清壽・錦文書院　一九五四年）

▽石原の側近がその素顔をえがいた評伝で、貴重な証言が幾つもおさめられている。

＊**『石原莞爾全集（全七巻）』**（石原莞爾全集刊行会　一九七六〜七七年）

▽石原のまとめた論稿がすべておさめられている。石原を知るための基本的史料。

『東條英機と天皇の時代』（保阪正康・伝統と現代社　一九七九〜

八〇年、現在はちくま文庫）

▽東條英機の生から死までの軌跡を丹念に辿った評伝である。

『責任　ラバウルの将軍今村均』（角田房子・新潮社　一九八四年、現在はちくま文庫）

▽人間味をもつ稀有の軍人という視点で確認すべき帝国軍人に数えられる。

＊**『一死、大罪を謝す』**（角田房子・新潮社　一九八〇年、のちにＰＨＰ文庫）

▽終戦時の陸軍大臣阿南惟幾の実像を丹念にえがいている。

『米内光政』（阿川弘之・新潮社　一九七八年、現在は新潮文庫）

▽海軍の避戦派といわれた米内に共鳴して、その人間性をもとに史実

がえがかれている。

＊『**近衛文麿**』（岡義武・岩波新書　一九七二年）

▽政治学者の目で客観的にその生涯を追いかけている。

＊『**祖父東郷茂徳の生涯**』（東郷茂彦・文藝春秋　一九九三年）

▽孫のジャーナリストが祖父を歴史上に位置づける。悲劇の外相の実像が浮かんでくる。

〈**皇族・華族**〉

＊『**ある華族の昭和史**』（酒井美意子・主婦と生活社　一九八二年、のちに講談社文庫）

▽華族の娘が見た昭和という舞台の裏側。その生活感覚が昭和という

時代を語る。

＊**『皇太子の窓』**（ヴァイニング夫人著、小泉一郎訳・文藝春秋新社　一九五三年）

▽現天皇の家庭教師だったヴァイニング夫人の回想記。

＊**『華族』**（金沢誠ほか編・講談社　一九六八年、のちに北洋社）

▽旧華族とのインタビューでその考えや生活の変容を確かめている。

＊**『公爵家の娘』**（浅見雅男・リブロポート　一九九一年、のちに中公文庫）

▽岩倉家の赤化した令嬢の自殺を通して浮かびあがる昭和初期の共産主義運動の実態。

〈庶民史・世相史・精神史〉

『女の民俗誌』（宮本常一・岩波現代文庫　二〇〇一年）

▽近代日本のなかで女性はいかに生きたかを実体的にさぐっている。

＊**『明治・大正・昭和　世相史』**（加藤秀俊、加太こうじ、岩崎爾郎、後藤総一郎・社会思想社　一九六七年）

▽この世相史の年表がもっとも役に立つ。昭和ののこりの時代の年表は自らで作成してもいい。

＊**『昭和の精神史』**（竹山道雄・新潮社　一九五六年、のちに講談社学術文庫）

▽上から演繹的に見る唯物史観に抗して史実をもとに冷静に反論している。

〈日本の政治〉

＊**『近衛新体制』**（伊藤隆・中公新書　一九八三年）

▽昭和十年代前半の近衛を中心とした政治情勢がえがかれている。

＊**『戦後政治　1945―55（上下）』**（升味準之輔・東京大学出版会　一九八三年）

▽昭和二十年代の日本の政治を学問の分野で分析した書として知られている。

『昭和期日本の構造』（筒井清忠・有斐閣　一九八四年、現在はちくま学芸文庫『二・二六事件とその時代』）

▽昭和初期の日本の政治構造を見る。

＊**『昭和現代史』**（戸川猪佐武・光文社　一九五九年）

▽新聞記者の目で昭和二十年八月から三十一年初めまでの政治、社会をドキュメントタッチでえがいている。時代背景を知るのに格好の書である。

〈経済政策〉

『昭和経済史』（中村隆英・岩波書店　一九八六年）

▽昭和史を経済の目でとらえるときに欠かせない基本の書である。

『昭和恐慌』（長幸男・岩波現代文庫　二〇〇一年）

▽昭和初年代の恐慌が解説されている。こうした理解を昭和を見つめるときの出発点としたい。

〈外交官の手記〉

『外交回想録』（重光葵・毎日新聞社　一九五三年、現在は日本図書センター）

▽昭和外交の重要人物の戦前の回想録。歴史を知るときの文献である。

『外交五十年』（幣原喜重郎・読売新聞社　一九五一年、現在は中公文庫）

▽昭和初期の協調外交を担い、占領初期の首相でもあった幣原の回想録。歴史的価値が高い。

『時代の一面』（東郷茂徳・改造社　一九五二年、現在は原書房）

▽開戦時、終戦時の外相の動きとその考えが卒直に語られている。

〈軍隊体験〉

『一下級将校の見た帝国陸軍』（山本七平・朝日新聞社　一九八四年、現在は文春文庫）

▽学徒兵の目で見た陸軍という日本的組織の矛盾をよくえがいている。

『戦艦大和ノ最期』（吉田満・創元社　一九五二年、現在は講談社文芸文庫）

▽浮沈艦と称された大和と、艦と運命を共にする乗組員のなかに、日本の戦争そのものが象徴的にあらわれている。

＊**『市ヶ谷台から市ヶ谷台へ』**（河辺虎四郎・時事通信社　一九六二年）

▽終戦時の参謀次長の回想録として多くの史実がたんたんと語られている。

〈小説〉

＊**『麦と兵隊』**（火野葦平・改造社　一九三八年、のちに新潮文庫）
▽徐州作戦を文学化した作品、兵士の置かれている状況がわかる。

『生きている兵隊』（石川達三・中央公論一九三八年三月号、現在は中公文庫）
▽雑誌に掲載されるや発禁となった。中支戦線の兵士の苦境をえがいている。

『海軍』（岩田豊雄・一九四二年、朝日新聞紙上に連載、現在は中公

文庫〔獅子文六名義〕）

▽真珠湾攻撃時の九軍神のひとりをモデルに海軍内部の正直な姿が作品化されている。

『海戦』（丹羽文雄・中央公論一九四二年十一月号、現在は中公文庫）

▽ツラギ沖海戦の模様をえがいているが、たんたんとした筆調のなかに同時代人としての作家の哀しみがある。

『真空地帯』（野間宏・河出書房　一九五二年、現在は岩波文庫）

▽戦後に発表された作品。学徒兵が軍内でどういう扱いを受けたかがわかる。衝撃的な作品だった。

『戦争文学論』（安田武・勁草書房　一九六四年、現在は朝文社）

▽戦争文学の内実を同世代の目で整理し批判している。

〈自伝・日記〉

『回顧七十年』（斎藤隆夫・民生書院　一九四八年、現在は中公文庫）

▽反骨の政治家が自らの体験をとおして昭和という時代の暗黒さを浮かびあがらせる。

『暗黒日記』（清沢洌・東洋経済新報社　一九五四年、現在はちくま学芸文庫）

▽戦時下に黙していた外交評論家の時代への痛烈な怒りや不満、皮肉がわかる。

＊**『巣鴨日記（正続）』**（重光葵、文藝春秋新社　一九五三年）

▽A級戦犯が綴ったスガモプリズン内部での旧体制指導者たちの素顔。

『敗戦日記』（高見順・文藝春秋新社　一九五九年、現在は中公文庫）

▽作家が見た昭和二十年という戦争最終年の異様な社会状況が歴史的証言となっている。

＊**『平和の発見』**（花山信勝・朝日新聞社　一九四九年、のちに中公文庫）

▽スガモプリズンの教誨師が見た戦犯たちの宗教的回心や心理的混乱がえかかれている。

『回想十年（全四巻）』（吉田茂・新潮社　一九五七〜五八年、現在は中公文庫）

▽占領期を担った政治家の戦前と戦後に対しての見方（親英米的）があらわれている。

『戦中派不戦日記』（山田風太郎・番町書房　一九六八年、現在は講談社文庫）

▽医学生の昭和二十年の日記。八月十五日を境に心理が変化していく面と変化していかない面とが読みとれる。

＊**『芦田均日記（全七巻）』**（芦田均・岩波書店　一九八六年）

▽占領下の首相が綴った国内政治、対ＧＨＱの複雑な関係が読みとれる。

『高松宮日記（全八巻）』（高松宮宣仁・中央公論社　一九九五〜九七年）

▽少年期から昭和二十年までの高松宮の日記で天皇の弟宮としての苦悩などもわかる。

＊**『東久邇日記』**（東久邇稔彦・徳間書店　一九六八年）

▽戦前、戦時下の皇族軍人の目で日本社会の変容が書かれている。

＊**『鳩山一郎回顧録』**（鳩山一郎・文藝春秋新社　一九五七年）

▽戦前の政治家の軌跡を正直に語っている。戦時下の政治家が置かれた位置がわかる。

＊**『失はれし政治（近衛文麿公の手記）』**（近衛文麿・朝日新聞社　一九四六年）

▽近衛が自らの施策を自省まじりで記述、あるいは述懐している。自己批判、自己弁明の書ともいえる。

＊**『米国に使して』**（野村吉三郎・岩波書店　一九四六年）

▽開戦時の駐米大使として日本外交交渉を記録したきわめて貴重な書

である。

＊『**河野一郎自伝**』（伝記刊行委員会編・徳間書店　一九六五年）

▽戦前、戦後を通じての政治家の硬骨ぶりが一本の芯となっている。

〈基本文献〉

『**木戸幸一日記（上下）**』（木戸幸一・東京大学出版会　一九六六年）

▽昭和天皇の側近として日々仕えていたがゆえに、天皇制の仕組みが具体的にわかる。

『**西園寺公と政局（全八巻）**』（原田熊雄述・岩波書店　一九五〇〜五二年）

▽昭和の唯一の元老の時代状況への認識と天皇とのかかわりを具体的

に知ることができる。

『細川日記（上下）』（細川護貞・磯部書房『情報天皇に達せず』一九五三年、現在は中公文庫）

▽近衛の娘婿として、あるいは高松宮の情報係として、市民としての立場を貫いている。

＊**『側近日誌』**（木下道雄・文藝春秋　一九九〇年）

▽終戦直後の天皇の状況が詳細にわかる点に特徴がある。天皇は天皇制民主主義を模索していた。

『機密戦争日誌（上下）』（大本営陸軍部戦争指導班・錦正社　一九九八年）

▽戦争に至るプロセス、戦時下での具体的内容が作戦参謀たちの日誌

によって明らかになっている。

＊**『入江相政日記（全六巻）』**（入江為年監修、朝日新聞社編・朝日新聞社　一九九〇～九一年、のちに朝日文庫）

▽戦後社会の天皇像を演出した最側近が貴重な日々を綴る。

本書は、株式会社文藝春秋のご厚意により、文春新書『昭和史入門』を底本としました。但し、頁数の都合により、上巻・下巻の二分冊といたしました。

保阪正康（ほさか　まさやす）

1939年、札幌市生まれ。同志社大学文学部卒。ノンフィクション作家。編集者時代の72年『死なう団事件』で作家デビューして以降、個人誌「昭和史講座」を主宰して数多くの歴史の証人を取材、昭和史研究の第一人者として2004年、第52回菊池寛賞を受賞した。主な著書に、『東條英機と天皇の時代』『秩父宮』『昭和陸軍の研究』『瀬島龍三』『昭和史七つの謎』『あの戦争は何だったのか』『昭和天皇』『検証・昭和史の焦点』『昭和史の教訓』『蔣介石』などがある。

昭和史入門　下

（大活字本シリーズ）

2020年11月20日発行（限定部数500部）

底　本　文春新書『昭和史入門』

定　価　（本体2,700円＋税）

著　者　保阪　正康

発行者　並木　則康

発行所　社会福祉法人 埼玉福祉会

埼玉県新座市堀ノ内3—7—31　〒352—0023

電話　048—481—2181

振替　00160—3—24404

印刷製本所　社会福祉法人　埼玉福祉会 印刷事業部

ISBN 978-4-86596-396-0